高职院校育人体系的实践探索

唐鸿铃、李静、汤茹薇、杨强、申书炜 ◎ 著

西南交通大学出版社
·成都·

图书在版编目（CIP）数据

高职院校育人体系的实践探索 / 唐鸿铃等著. -- 成都：西南交通大学出版社，2023.9
ISBN 978-7-5643-9505-6

Ⅰ.①高… Ⅱ.①唐… Ⅲ.①高等职业教育 – 思想政治教育 – 研究 – 中国 Ⅳ.①G711

中国国家版本馆 CIP 数据核字（2023）第 191847 号

Gaozhi Yuanxiao Yuren Tixi de Shijian Tansuo
高职院校育人体系的实践探索

唐鸿铃　李　静　汤茹薇　杨　强　申书炜　著

责 任 编 辑	郭发仔
助 理 编 辑	杨　倩
封 面 设 计	墨创文化
出 版 发 行	西南交通大学出版社 （四川省成都市金牛区二环路北一段 111 号 西南交通大学创新大厦 21 楼）
发行部电话	028-87600564　028-87600533
邮 政 编 码	610031
网　　　址	http://www.xnjdcbs.com
印　　　刷	成都蜀雅印务有限公司
成 品 尺 寸	170 mm×230 mm
印　　　张	13.25
字　　　数	182 千
版　　　次	2023 年 9 月第 1 版
印　　　次	2023 年 9 月第 1 次
书　　　号	ISBN 978-7-5643-9505-6
定　　　价	68.00 元

图书如有印装质量问题　本社负责退换
版权所有　盗版必究　举报电话：028-87600562

前言

教育是国之大计、党之大计。思想政治工作历来是党的优良传统、鲜明特色和突出政治优势，也是党和国家一切工作的生命线和整个民族的精神支柱。一个民族、一个国家，如果没有自己的精神支柱，就等于没有灵魂，就会失去凝聚力和生命力。高职院校是构建新时代文明和谐社会的思想文化高地和塑造高素质技能技术人才的主要场所，高职院校学生思想政治教育的状况关系着党和国家的长治久安及民族的前途命运，在党和国家的发展历程中发挥着举足轻重的作用。

中国特色社会主义进入新时代，党和国家对高职院校教育的改革和发展提出了更高的要求，出台了一系列的政策举措，推动高职院校落实立德树人根本任务，切实肩负起"为党育人，为国育才"的使命与责任担当。2022年修订颁布的《中华人民共和国职业教育法》更是积极推动中国式教育现代化进程的生动写照，对推动实施科教兴国战略，发展职业教育，提高劳动者素质，促进社会主义现代化建设和我国职业教育高质量发展提供了法律保障和依据。高职院校学生思想政治教育对于落实立德树人根本任务、培养德智体美劳全面发展的社会主义建设者和接班人、满足高职院校学生自身成长发展需求的重要性愈益凸显。面对世界百年未有之大变局，面对新时代的新形势、新任务、新问题、新要求，更需要我们遵循高职院校学生思想政治教育规律，在高职院校学生思想政治教育的理念、内容、方法、途径等方面守正创新，因事而化、因时而进、因势而新。基于此，本书从课程育人、科研育人、实践育人、文化育人、网络育人、心理育人、管理育人、服务育人、资助育人、组织育人的视角出发，系统地分析总结了"十大育人"体系对高职院校学生思想政治教育的影响和教育工作者教育实践的策略与方法。

目前，我国正处于经济结构转型和产业转型升级的关键时期，社会各行各业对高素质技术技能人才的需求也显得越来越迫切，高职院校教育改革发展越来越成为推动社会进步的动力源泉。党的二十大报告明确指出："统筹职业教育、高等教育、继续教育协同创新，推进职普融通、产教融合、科教融汇，优化职业教育类型定位。"[①]高职院校作为培养服务区域经济发展人才的主阵地，占据着高等教育的半壁江山，为中国式现代化建设提供了强有力的人才和智力支撑。高职院校要善于开辟发展新领域新赛道，不断塑造发展新动能新优势。高职院校学生思想政治教育实践就是要做到德技并修、工学结合，做到理论与实践相结合，帮助高职院校学生树立健全人格和塑造优良品格。因此，专注高职院校学生思想政治教育实践研究具有重要的战略意义。本书以《高校思想政治工作质量提升工程实施纲要》为立足点，以习近平新时代中国特色社会主义思想为指导，根据《中华人民共和国职业教育法》和中国式教育现代化建设进程的客观需要，客观辩证地分析阐述了高职院校学生思想政治教育实践的多维视角，以期为丰富新时代高职院校学生思想政治教育工作提供参考，为高职院校学生育人工作实践探索提供借鉴。

本书由重庆城市管理职业学院与重庆科技学院的学生思想政治教育工作者基于重庆市教育委员会人文社会科学研究项目"新时代高职学生党员质量提升机制研究（项目编号：20SKDJ030）"的研究成果完成，撰写人员有唐鸿铃（绪论、第四章、第六章、第九章、第十章），李静、杨强（第一章、第二章、第八章），汤茹薇（第五章），申书炜（第三章、第七章），

---

① 习近平. 高举中国特色社会主义伟大旗帜 为全面建设社会主义现代化国家而团结奋斗——在中国共产党第二十次全国代表大会上的报告[M]. 北京：人民出版社，2022：34.

最后唐鸿铃负责全书的统稿与整理。诚然，高职院校学生育人工作实践需要做到与时俱进、守正创新，然而，笔者的理论水平和实践经验有限（调研对象与实践案例均源于重庆城市管理职业学院），本书可能存在纰漏与不当之处。因此，作为学生思想政治教育工作者，今后对这方面的研究还需要进一步深化和拓展，也期盼学界同仁与读者批评指正、不吝赐教。

唐鸿铃

2023 年 1 月 6 日

绪 论

一、高等职业教育发展情况概述 …………………… 003

二、高职院校开展育人工作的必要性 …………………… 012

第一章

课程育人：高职院校思政课程与课程思政同向同行协同育人

一、思政课程与课程思政的基本要义 …………………… 018

二、高职院校思政课程与课程思政同向同行协同育人的
现实困境 …………………… 024

三、高职院校思政课程与课程思政同向同行协同育人的
对策建议 …………………… 027

四、小结 …………………… 031

五、实践分享——现代物流管理专业群课程思政
实践平台 …………………… 032

第二章

科研育人：科研育人视域下高职院校学生创新创业能力培养

一、科研育人视域下高职院校学生创新创业能力
培养概述 …………………… 036

二、高职院校学生创新创业能力培养的现实困境 …………… 039

三、科研育人视域下高职院校学生创新创业能力
　　培养的策略 ·· 042

四、小结 ··· 045

五、实践分享——现代商贸物流专业群创新创业服务项目 045

第三章

实践育人：高职院校实践育人长效机制的构建

一、实践育人概述 ································· 050

二、高职院校实践育人的作用 ······················ 055

三、高职院校实践育人面临的挑战与机遇 ············ 057

四、高职院校实践育人长效机制的构建原则与内容 ········ 060

五、小结 ·· 063

六、实践分享——二级学院专业化志愿服务项目 ·········· 063

第四章

文化育人：高职院校红色文化教育有效路径探析

一、红色文化及其思想政治教育价值 ················ 067

二、高职院校红色文化教育面临的挑战 ··············· 071

三、高职院校红色文化教育的有效路径 ··············· 073

四、小结 ·· 078

五、实践分享——"以文育人"高职院校大学生思想政治
　　教育辅导员工作室 ······································ 079

第五章

网络育人：高职院校网络育人优化路径探析

一、网络育人的内涵与意义 ························ 082

二、高职院校网络育人的现实困境与原因 ············ 085

三、高职院校网络育人的优化路径 ·················· 089
四、小结 ····························· 096

第六章

心理育人：高职院校心理健康教育体系的构建

一、心理健康的标准 ························ 098
二、高职院校学生主要心理健康问题 ················ 100
三、高职院校心理健康教育的主要内容 ··············· 104
四、高职院校心理健康教育体系的构建策略 ············· 109
五、小结 ····························· 113
六、实践分享——二级学院朋辈教育项目 ·············· 113

第七章

管理育人：高职院校管理育人工作能力提升路径探析

一、管理育人的内涵与意义 ····················· 118
二、高职院校管理育人的现实困境与原因 ·············· 121
三、高职院校管理育人工作能力提升的路径 ············· 124
四、小结 ····························· 127
五、实践分享——二级学院开展学风建设项目 ············ 128

第八章

服务育人：立德树人背景下高职院校公寓服务育人创新

一、服务育人的内涵与理论基础 ··················· 132
二、高职院校公寓服务育人的现实困境 ··············· 135
三、高职院校公寓服务育人的应对——
　　"一站式"学生社区建设 ···················· 137
四、小结 ····························· 142

第九章

资助育人：高职院校发展型资助育人体系的构建

- 一、发展型资助概述 …………………………………… 144
- 二、我国高校资助工作的历史回顾 …………………… 148
- 三、高职院校发展型资助育人工作现状 ……………… 158
- 四、高职院校发展型资助育人体系的构建策略 ……… 161
- 五、小结 ………………………………………………… 165
- 六、实践分享——二级学院特殊困难学生就业指导项目 … 165

第十章

组织育人：高职院校学生党员质量提升路径探析

- 一、高职院校学生党员质量提升的必要性和重要性 …… 170
- 二、高职院校学生党员培养现状调研 ………………… 174
- 三、高职院校学生党员质量提升的路径 ……………… 182
- 四、小结 ………………………………………………… 190
- 五、实践分享——二级学院大学生入党积极分子
  培养工程 …………………………………………… 191

参考文献 ……………………………………………… 197

绪论

"才者，德之资也；德者，才之帅也。"党的二十大报告指出，"育人的根本在于立德"[①]，立德树人是教育之根本。习近平总书记在2016年全国高校思想政治工作会议上强调，要坚持把立德树人作为中心环节，把思想政治工作贯穿教育教学全过程，实现全程育人、全方位育人，努力开创我国高等教育事业发展新局面[②]。高等职业教育具有高等教育和职业教育的双重属性，高职院校只有把育人与育才工作相统一，并将其始终贯穿于人才培养全过程，才能落实立德树人的根本任务。这是新时代加强高职院校思想政治工作的基本遵循，也是深化高等教育改革、提升高职院校人才培养质量的重要途径。

思想政治教育工作是我国高校各项工作的生命线，习近平总书记高度重视教育，十分关心高校思想政治工作。2016年以来，习近平总书记在全国高校思想政治工作会议、全国教育大会、学校思想政治理论课教师座谈会上作出重要讲话，围绕落实立德树人根本任务，坚持社会主义办学方向，加强党对教育工作的全面领导，提高学生思想政治素质，加强教师队伍建设，推动高校思想政治工作改革创新，培养德智体美劳全面发展的社会主义建设者和接班人，提出了一系列高瞻远瞩的新思想新观点。2017年12月，教育部印发的《高校思想政治工作质量提升工程实施纲要》提出了构建"全员全过程全方位"一体化育人格局的要求，明确了"十大育人体系"。2020年教育部等八部门联合印发的《加快构建高校思想政治工作体系的意见》从理论武装、学科教学、日常教育、管理服务、安全稳定、队伍建设、评估督导七个方面提出指导意见，加快构建目标明确、内容完善、标准健全、运行科学、保障有力、成效显著的高校思想政治工作体系。构建高质

[①] 习近平. 高举中国特色社会主义伟大旗帜 为全面建设社会主义现代化国家而团结奋斗——在中国共产党第二十次全国代表大会上的报告[M]. 北京：人民出版社，2022：34.

[②] 习近平在全国高校思想政治工作会议上强调 把思想政治工作贯穿教育教学全过程 开创我国高等教育事业新局面[N]. 人民日报，2016-12-09（1）.

量的高校思想政治工作体系，应从高校的根本任务出发，围绕十大育人体系，构建"三全育人"的工作格局（见图 0-1）。

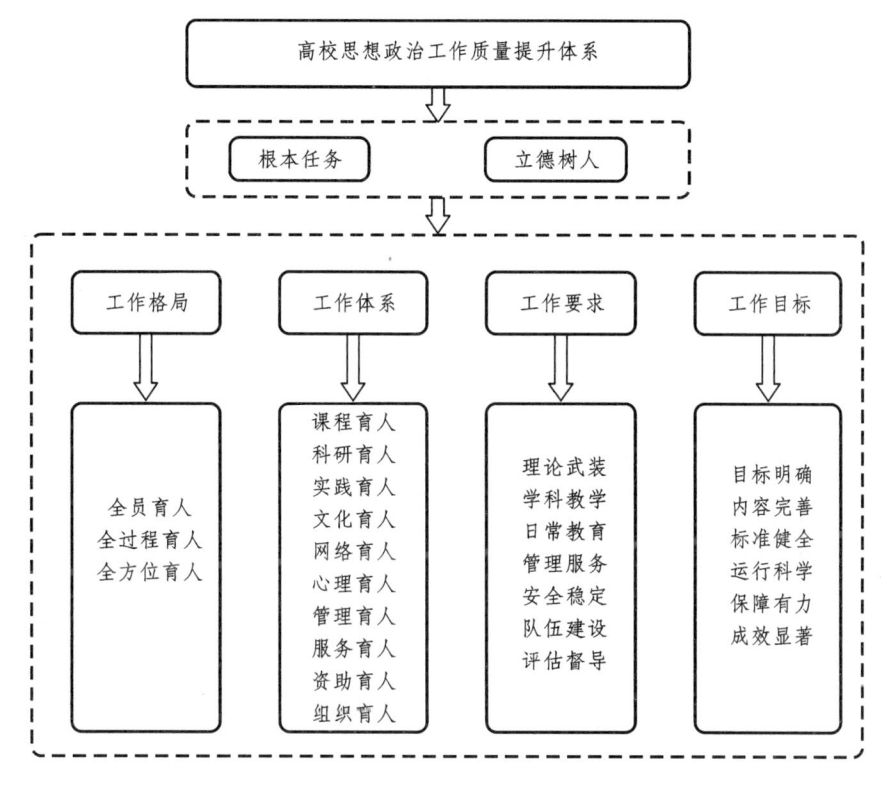

图 0-1　高校思想政治工作质量提升体系图

一、高等职业教育发展情况概述

（一）高等职业教育发展进程

党的十一届三中全会开启了改革开放历史新时期，为适应经济发展与社会进步，特别是缓解部分中心城市经济发展速度明显加快与人才紧缺的矛盾，1980 年国家教委批准建立了金陵职业大学等首批 13 所职业大学，为地方培养经济建设急需的高等应用型人才，这是我国现代高等职业教育的开端。1996 年 5 月 15 日，第八届全国人民代表大会常务委员会第十九次会议通过的《中华人民共和国职业教育法》，第一次把高等职业教育以法律的形式确立下来。1998年颁布的《中华人民共和国高等教育法》第68条规定，"本法所称高等学校是指大学、独立设置学院和高等专科学校，其中包括高等职业学校和成人高等学校"[1]，进一步确立了高等职业教育的法律地位，高等职业教育成为高等教育的发展重点之一。2019年国务院印发的《国家职业教育改革实施方案》强调："职业教育与普通教育是两种不同教育类型，但具有同等重要地位"[2]，正式确定职业教育是我国教育体系中一个单独种类的教育。关于职业技术教育的类型，教育部给出的解释是：一种面向人人的终身教育，面向市场的就业教育，面向能力的实践教育，面向社会的跨界教育。2022年新修订的《中华人民共和国职业教育法》明确职业教育与普通教育具有同等重要地位，并对职业教育的内涵进行完善，即为了培养高素质技术技能人才，使受教育者具备从事某种职业或者实现职业发展所需要的职业道德、科学文化与专业知识、技术技能等职业综合素质和行动能力而实施的教育，包括职业学校教育和职业培训。中国特色现代职业教育体系已基本形成，高等职业教育迈入职业教育的新时代。

制造业是实体经济的主体，是立国之本，兴国之器，强国之基。培养高技能人才对提升产业工人队伍素质，促进技术创新和产业变革，推动制造业高质量发展具有重要意义。2022年，全总工会举行的"产业工人队伍建设改革五周年"新闻发布会公布，截至2021年底，全国技能人才总量超过2亿人，高技能人才超过6 000万人，技能人才占就业人员总量的比例超过26%[3]。为让更多的产业工人增长新知识、掌握新技能，2020年，

---

[1] 中华人民共和国高等教育法[J]. 中华人民共和国全国人民代表大会常务委员会公报，1998（4）：215-324.
[2] 国务院关于印发国家职业教育改革实施方案的通知[EB/OL]. （2019-02-13）[2023-03-08]. http：//www.gov.cn/zhengce/content/2019-02/13/content_5365341.htm.
[3] 全总举行"产业工人队伍建设改革五周年"新闻发布会[EB/OL]. （2022-06-02）[2023-03-08]. http：//www.scio.gov.cn/xwfbh/qtxwfbh/202209/t20220916_326532.html.

习近平总书记在全国劳动模范和先进工作者表彰大会上提出，"要完善现代职业教育制度，创新各层次各类型职业教育模式，为劳动者成长创造良好条件。技术工人是支撑中国制造、中国创造的重要基础"[①]。2022 年 6 月，共青团中央印发的《共青团做好新时代青年人才培养工作的行动计划》以培养创新型、应用型、技能型人才为目标，提出青年技能人才锻造行动，《制造业技能根基工程实施方案》对技能人才培养提出新的构想，党的二十大报告提出，要努力培养造就更多高技能人才[②]。高等职业教育为产业工人队伍培养高技能人才，是支撑中国制造和中国创造，推动经济社会尤其是地区特色经济高质量发展的重要力量。

就业是最大的民生，面对经济格局变化和产业结构调整，广大劳动者需要树立终身学习的理念，学习先进知识与技能。苏丽锋等对"95 后"新生代农民工的技能提升调查数据显示，48%的受访者希望能够获得职业技能培训机会，64%的受访者愿意自己花钱接受职业技能培训，21%的受访者表示如果有机会就愿意去参加培训[③]。为给劳动者成长创造良好条件，2018 年 5 月，《国务院关于推行终身职业技能培训制度的意见》提出了推行终身职业技能培训的政策措施；《"十四五"职业技能培训规划》提出五项重点任务，进一步健全完善劳动者终身职业技能培训制度；党的二十大报告指出，"健全终身职业技能培训制度，推动解决就业结构矛盾"[④]。高等职业教育通过开展职业技能培训，提升劳动者的就业、履职、升职、

---

① 习近平在全国劳动模范和先进工作者表彰大会上的讲话[EB/OL].（2020-11-25）[2023-03-08]. https://baijiahao.baidu.com/s?id=16842891 44568276942&wfr=spider&for=pc.
② 习近平. 高举中国特色社会主义伟大旗帜 为全面建设社会主义现代化国家而团结奋斗——在中国共产党第二十次全国代表大会上的报告[N]. 人民日报，2022-10-26（1）.
③ 苏丽锋，陈建伟. 95 后新生代农民工的职业现状与技能提升对策[N]. 工人日报，2021-09-06（7）.
④ 习近平. 高举中国特色社会主义伟大旗帜 为全面建设社会主义现代化国家而团结奋斗——在中国共产党第二十次全国代表大会上的报告[N]. 人民日报，2022-10-26（1）.

转岗、创业等能力，为劳动者创造新的就业空间与机遇，对推动教育供给侧结构性改革，缓解结构性就业矛盾，促进扩大就业具有重要意义。

（二）高等职业教育发展成果

1. 现代职业教育体系基本形成

2014 年国务院印发的《关于加快发展现代职业教育的决定》提出，"到 2020 年，形成适应发展需求、产教深度融合、中职高职衔接、职业教育与普通教育相互沟通，体现终身教育理念，具有中国特色、世界水平的现代职业教育体系"①（如图 0-2 所示）。2016 年中国职业技术教育学会课题组在《职业技术教育》发表的《从职教大国迈向职教强国——中国职业教育 2030 研究报告》指出："到本世纪中叶，中国要完成从职业教育大国迈向职业教育强国的根本性转变。"②该报告将这个渐进的积累与飞跃的突变相交织的过程划分为三个阶段：到 2020 年，基本建成中国特色现代职业教育体系，主要体现"大"和"全"的特征；到 2030 年，职业教育的基础能力、创新能力、服务能力和竞争能力全面提高，主要体现"好"和"强"的特征；到 2050 年，职业教育实现从追赶到跨越的战略目标，迈入发达国家行列，成为世界职业教育强国。2020 年，中国特色现代职业教育体系基本形成。2021 年，习近平总书记对职业教育工作作出重要指示强调，加快构建现代职业教育体系，培养更多高素质技术技能人才、能工巧匠、大国工匠③。2022 年新修订的《中华人民共和国职业教育法》着力推进不同层次职业教育有效贯通，建立健全服务全民终身学习的现代职业教育体系，我国职业教育发展迈入了提质培优、增值赋能的高质量发展新阶段。

---

① 国务院关于加快发展现代职业教育的决定[EB/OL].(2014-06-22)[2023-03-08]. http://www.gov.cn/zhengce/content/2014-06/22/content_8901.htm.
② 中国职业技术教育学会课题组. 从职教大国迈向职教强国——中国职业教育 2030 研究报告[J]. 职业技术教育，2016（6）：11.
③ 习近平对职业教育工作作出重要指示强调 加快构建现代职业教育体系 培养更多高素质技术技能人才能工巧匠大国工匠[N]. 人民日报，2021-04-14（1）.

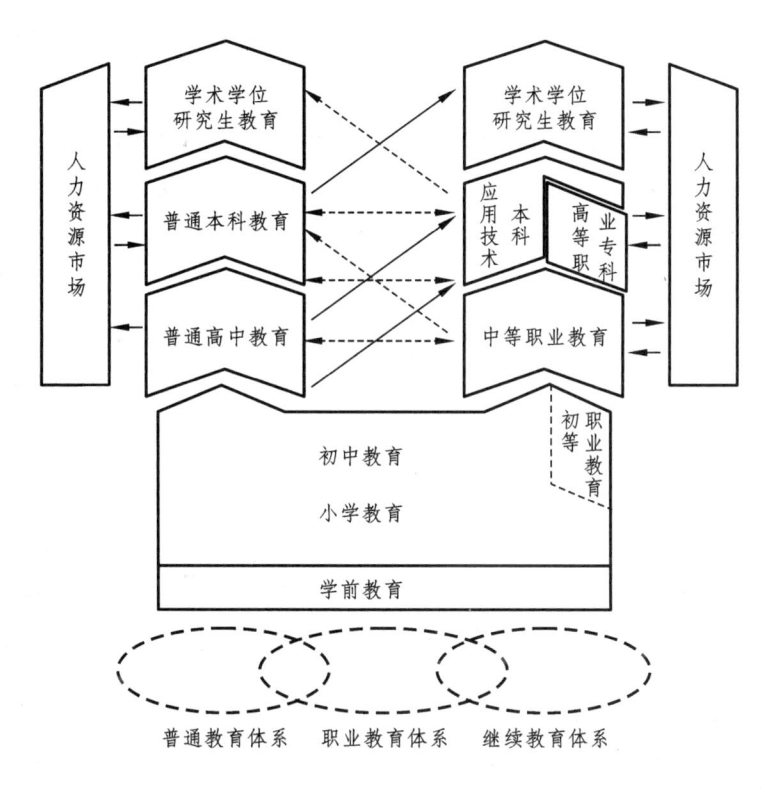

图 0-2 教育体系基本框架示意图

[图片来源：《现代职业教育体系建设规划（2014—2020年）》]

为构建"中职、高职专科、高职本科"纵向贯通的现代职业教育体系，2014年，国务院印发的《关于加快发展现代职业教育的决定》首次提出"探索发展本科层次职业教育"。2019年，国务院印发的《国家职业教育改革实施方案》提出，要"开展本科层次职业教育试点"。2021年，教育部印发的《职业教育专业目录（2021年）》设置了247个高职本科专业。2021年，教育部印发的《本科层次职业教育专业设置管理办法（试行）》是推动本科层次职业教育发展的第一个专项文件。2021年底，国务院学位委员会印发的《关于做好本科层次职业学校学士学位授权与授予工作的意见》将职业本科纳入现有学士学位工作体系，同时强化职业教育育人特点，全国首批职业本科大学获批学士学位授予单位。2021年，全国本科层次职业学校共有32所，职业本科教育招生4.14万，在校生人数达12.93万人[①]。根据《关于推动现代职业教育高质量发展的意见》，到2025年，职业本科教育招生规模不低于高等职业教育招生规模的10%[②]。2022年，职业教育的首届本科生毕业。由此，从中职到高职专科，再到高职本科职业教育的现代职业教育体系实现了纵向贯通。

2020年，教育部等九部门印发的《职业教育提质培优行动计划（2020—2023年）》（以下简称《行动计划》）主要目标是：通过建设，促进中国特色现代职业教育体系更加完备、制度更加健全、标准更加完善、条件更加充足、评价更加科学[③]。《行动计划》就完善服务全民终身学习的制度体系，重点规划了3项工作。一是健全服务全民终身学习的职业教育制度，目前我国已有18个省、区、市依托开放大学挂牌成立了学分银行[④]，通过学分互认，有利于促进职业教育与普通教育的有机衔接，突破限制学习时间与学习内容的学习方式，有利于促进全民终身学习教育体系的建立。二是推动学历教育与职业培训并举并重，2019—2021年，教育部共批准了四批职业技能等级证书参与"1+X"证书制度试点，促进学历证书和技能等级证书的相互融通。三是强化职业学校的继续教育功能，2019—2021年，高职院校向普通高中毕业生、中职毕业生、退役军人、下岗失业人员、农民工和新型职业农民等扩招413.31万人。同时，职业学校积极为企业职工开展继续教育培训服务，帮助社会职工提升技术水平，服务于地方经济。

---

① 首批职业本科生毕业了！职业教育试点"开花结果"[EB/OL].（2022-07-10）[2023-03-09]. https://www.workercn.cn/c/2022-07-10/7006774.shtml.
② 中共中央办公厅 国务院办公厅印发《关于推动现代职业教育高质量发展的意见》[EB/OL].（2021-10-12）[2023-03-09]. http://www.gov.cn/gongbao/content/2021/content_5647348.htm.
③ 教育部等九部门关于印发《职业教育提质培优行动计划（2020—2023年）》的通知.[EB/OL].（2020-09-29）[2023-03-09]. https://www.moe.gov.cn/srcsite/A07/zcs_zhgg/202009/t20200929_492299.html.
④ 建设学分银行构筑湖南终身学习"立交桥"[EB/OL].（2022-04-14）[2023-03-09]. https://opinion.voc.com.cn/article/202204/202204140758239897.html.

由此，职业教育与普通教育之间搭建起了"立交桥"，实现了现代职业教育体系横向融通。

2. 高等职业教育成为高等教育重要力量

高等职业教育走过了 40 余年曲折艰难的发展历程，已在数量和规模上占据高等教育的"半壁江山"（见表 0-1），成为全国高等教育的重要力量，是经济社会发展高素质技术技能服务人才的主要来源。根据《中国统计年鉴 2022》，高职（专科）学校数从 2000 年的 442 所增加到 2021 年的 1486 所，增长了约 2.36 倍；占普通、职业高等学校数量的百分比从 42.46%上升到 53.92%，2006 年占比曾高达 61.44%（见图 0-3）。高职（专科）学校招生数从 2000 年的 48.7 万人增加到 2021 年的 552.6 万人，增长了约 10.35 倍；占普通、职业高等学校招生数的百分比从 22.08%增长到 55.19%（见图 0-4）。2019 年的政府工作报告首次提到 2019 年要对高职院校实施扩招，人数是 100 万。2020 年的政府工作报告提出，2020 至 2021 年高职院校要扩招 200 万。2019—2020 年，高职招生人数呈明显上升趋势，招生对象包括应往届普通高中毕业生、中职毕业生、社会考生（农民工、下岗职工、退役军人、新型职业农民等），更多青年能够凭借一技之长实现人生价值。专科毕业学生数从 2000 年的 17.9 万人增加到 2021 年的 398.4 万人，增长了约 21.26 倍；占普通本专科毕业生人数的百分比从 18.84%增长到 48.20%，为中国的经济建设与社会发展提供了足够的人力资源支撑（见图 0-5）。高职（专科）学校专任教师数从 2000 年的 8.7 万人增加到 2021 年的 57 万人；占普通、职业高等学校专任教师人数的百分比从 18.79%增长到 30.56%（见图 0-6）[①]。从纵向看，高职（专科）学校的专任教师数量在 21 年的时间里增长了约 5.52 倍。从横向看，约占普通、职业高等学校专任教师数 30.56%的高职（专科）学校专任教师，承担了约占普通高等学

---

① 表 0-1，图 0-3 至图 0-6 均根据《中国统计年鉴 2022》数据整理绘制。

校 45.48% 的高职（专科）学校学生教育教学任务，高职（专科）学校的师资队伍需要继续充实。

表 0-1　2021 年普通高等学校基本情况表

学校数类别	学校数（所）	教职工人数	专任教师人数	毕业生人数	招生人数	在校生人数
普通本科院校	1 238	1 931 463	1 269 719	4 280 970	4 445 969	18 931 044
本科层次职业学校	32	32 202	25 560	—	41 381	129 297
高职（专科）院校	1 486	787 355	570 171	3 984 094	5 525 801	15 900 966
#民办高职（专科）院校	350	156 568	109 394	801 184	1 240 295	3 605 075

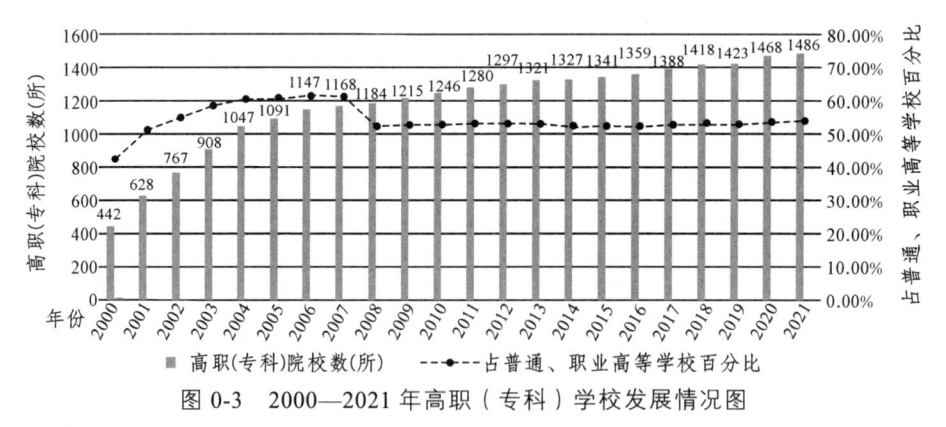

注：高职（专科）院校数据包含了民办高职（专科）院校数据

图 0-3　2000—2021 年高职（专科）学校发展情况图

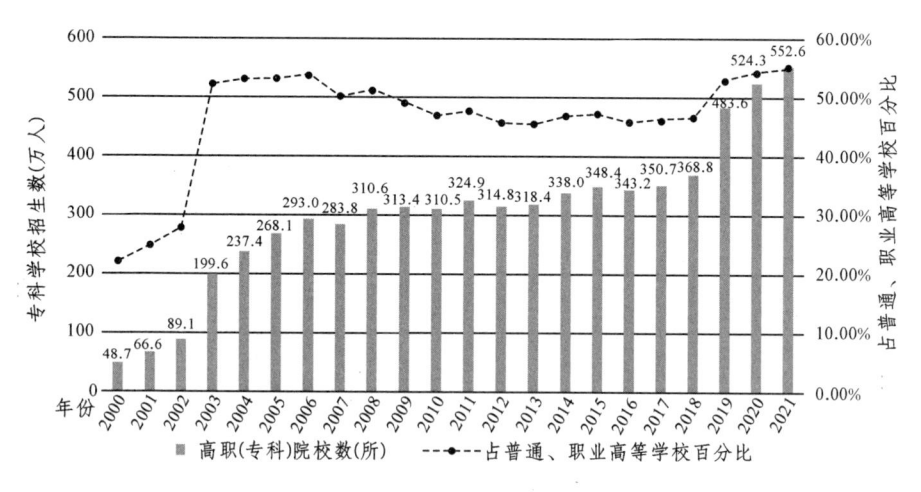

图 0-4　2000—2021 年专科学校招生情况图

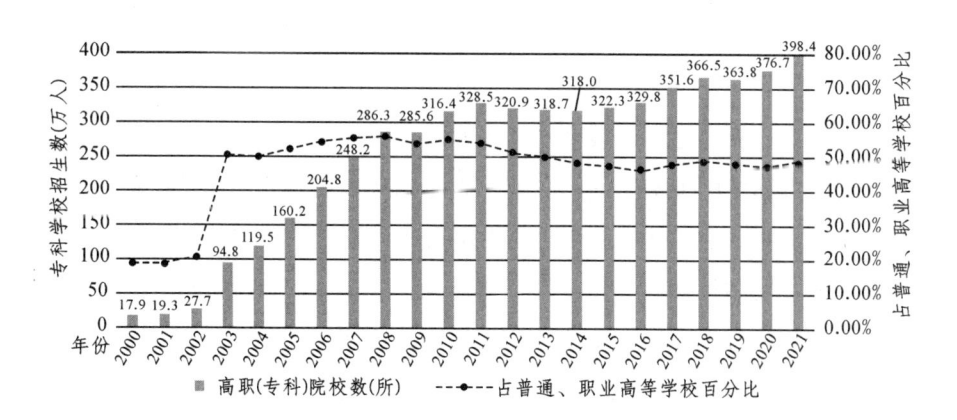

图 0-5　2000—2021 年专科学校毕业生情况图

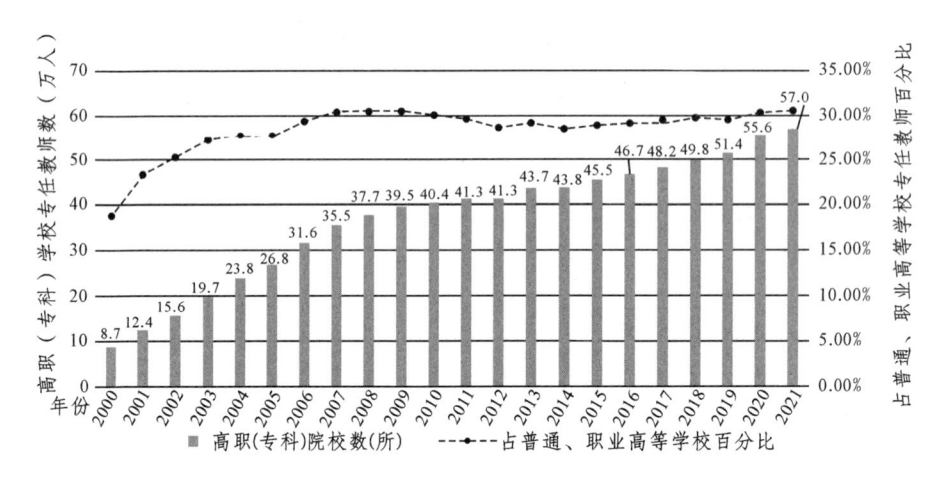

图 0-6 2000—2021 年高职（专科）学校专任教师情况图

二、高职院校开展育人工作的必要性

（一）开展育人工作是高职院校落实立德树人根本任务的基本途径

高等职业教育是高等教育的一个类型。青年大学生处于世界观、人生观、价值观形成的关键时期，立德树人是当代高校育人工作的价值旨归。党的十八大报告首次提出："把立德树人作为教育的根本任务，培养德智体美全面发展的社会主义建设者和接班人。"[1]党的十九大报告指出："要全面贯彻党的教育方针，落实立德树人根本任务，发展素质教育，推进教育公平，培养德智体美全面发展的社会主义建设者和接班人。"[2]党的二十大

---

[1] 胡锦涛. 在中国共产党第十八次全国代表大会上的报告[EB/OL]. （2013-04-03）[2023-03-10]. http://theory.people.com.cn/BIG5/n/2013/0403/c359820-21013407.html.

[2] 习近平. 决胜全面建成小康社会 夺取新时代中国特色社会主义伟大胜利——在中国共产党第十九次全国代表大会上的报告[EB/OL]. （2017-10-27）[2023-03-10]. http://www.gov.cn/zhuanti/2017-10/27/content_5234876.htm.

指出"育人的根本在于立德"①，再次强调立德为根本、树人为中心的教育指导思想。

我国高校始终把育人工作摆在突出位置，采取有力、有效措施。当前，高校育人工作呈现积极向上的良好态势。《中国大学生思想政治教育发展报告2021》显示，学校思想政治教育工作成果显著，大学生价值取向总体积极，高达97.2%的大学生赞同"国无德不兴，人无德不立"这一观点；96.5%的大学生认同社会主义核心价值观；96%的大学生对"培育和践行社会主义核心价值观人人有责"这一观点明确表示赞同。当前大学生具有正确的道德认知，高度认同雷锋精神的当代价值，并转化为服务人民、奉献社会的意愿，66.5%的大学生参加过志愿服务或公益（义务）活动。当前大学生人生价值取向积极向上，认同集体在实现人生价值中的作用，并能兼顾个人价值和社会价值，能够乐观面对生活，对未来抱有希望和期待。②《实施精准思政提升党建质量"十三五"时期高校思想政治工作改革发展情况》调查显示，广大师生"四个自信"十分高昂：99.4%的教师、99.3%的学生认同"中国特色社会主义道路是实现社会主义现代化、创造人民美好生活的必由之路"；98.7%的教师、98.3%的学生认同"我们必须始终坚持以马克思主义为指导"；99.5%的教师、99.3%的学生认同"中国特色社会主义制度是当代中国发展进步的根本制度保障"；99.2%的教师、98.9%的学生认同"中华民族一定能创造新的文化辉煌"③。

在新时代背景下，大学生思想政治教育工作面临新形势与新要求。世界正经历百年未有之大变局，马克思主义在意识形态领域的指导地位面临

---

① 习近平.高举中国特色社会主义伟大旗帜 为全面建设社会主义现代化国家而团结奋斗——在中国共产党第二十次全国代表大会上的报告[N].人民日报，2022-10-26（1）.
② 沈壮海，刘晓亮，司文超.中国大学生思想政治教育发展报告2021[M].北京：高等教育出版社，2023：24-83.
③ 教育部思想政治工作司.实施精准思政提升党建质量"十三五"时期高校思想政治工作改革发展情况[EB/OL].（2020-12-03）[2023-03-10].http://www.moe.gov.cn/fbh/live/2020/52717/sfcl/202012/t20201203_503055.html.

多样化社会思潮的挑战，传统思想政治工作方式面临网络新媒体的挑战，敌对势力对我国意识形态领域的渗透争夺有增无减。当前，我国已经实现了第一个百年奋斗目标，在中华大地上全面建成了小康社会，开启了全面建设社会主义现代化国家新征程，以中国式现代化全面推进中华民族伟大复兴。面对新的国内国际形势，高校育人工作应适时改革创新。习近平总书记在全国高校思想政治工作会议上指出："做好高校思想政治工作，要因事而化、因时而进、因势而新。"[①]2021年，中共中央国务院印发《关于新时代加强和改进思想政治工作的意见》为新时代加强和改进思想政治工作指明了方向。

（二）开展育人工作是高职院校培养德技并修人才的重要路径

高等职业教育是职业教育体系中的高层次教育，本质上是职业教育，培养的是应用型专业人才，坚持面向第一线是高等职业教育发展的基本方向，也是高职院校育人工作的指向标。2018年习近平总书记在全国教育大会上指出，要健全德技并修、工学结合的育人机制，源源不断为各行各业培养亿万高素质的产业生力军，让职业院校毕业生在职业发展上也有广阔空间[②]。2019年国务院印发的《国家职业教育改革实施方案》强调，落实好立德树人根本任务，健全德技并修、工学结合的育人机制，完善评价机制，规范人才培养全过程。2022年《中华人民共和国职业教育法》强调，职业教育必须坚持立德树人、德技并修。高等职业教育兼有"高等性"和"职业性"双重属性，高职院校除了对学生进行思想政治教育和职业道德教育，培育劳模精神、劳动精神、工匠精神，帮助学生树立正确的世界观、

---

① 吴晶、胡浩. 习近平出席全国高校思想政治工作会议并发表重要讲话[EB/OL].（2016-12-08）[2023-03-13]. http：//www.81.cn/dblj/2016-12/08/content_ 7398878.htm.

② 习近平在全国教育大会上强调 坚持中国特色社会主义教育发展道路 培养德智体美劳全面发展的社会主义建设者和接班人[N]. 人民日报，2018-09-11（1）.

人生观、价值观以外，还应结合行业第一线的人才要求及行业未来发展趋势，着力培养学生符合职业岗位要求的思想道德素质。

职业道德是所有从业人员在社会活动中应该遵循的基本行为准则，干一行、爱一行，勤钻研、乐奉献是现代企业和社会对高职院校毕业生最基本的职业道德素质要求。早在2007年，某著名人才资源机构发布的一项调查显示，大量企业在招聘应届生时，往往考虑更多的是"道德品质""工作态度"这两项素质。一位人力资源总监在谈及大学生素质时说："若企业有意要去培养、磨炼、打造一个人，完全可以接受一张没有工作经验的白纸，但道德品质、工作态度却决定了这张白纸材质的优劣。"一个有强烈职业道德责任感的人，才能更好地立足岗位，将个人发展与企业发展紧密联系起来，与企业荣辱与共。

"三百六十行，行行出状元"，不同职业的从业者有不同的职业意识，但是职业精英们的职业信念和价值观往往是相似的，即追求精湛技能，崇尚创造贡献。马克斯·韦伯在《新教伦理与资本主义精神》中提出，职业精神是伴随着现代资本主义精神兴起的观念，它源于"天职观"，即"所有的职业都带上神圣的光环，有着超越功利的意义。人们不再把职业仅仅当成一个饭碗、一种谋生手段、一种权宜之计，人们不敢轻视任何职业，对于各种职业都怀着虔诚的态度，敬业精神由此而来"。党的十八大以来，习近平总书记深情礼赞劳动创造，讴歌劳模精神、劳动精神、工匠精神。2020年11月，习近平总书记在全国劳动模范和先进工作者表彰大会上指出："在长期实践中，我们培育形成了爱岗敬业、争创一流、艰苦奋斗、勇于创新、淡泊名利、甘于奉献的劳模精神，崇尚劳动、热爱劳动、辛勤劳动、诚实劳动的劳动精神，执着专注、精益求精、一丝不苟、追求卓越的工匠精神。"[1]高职教育是大国工匠、能工巧匠的摇篮，对我国由制造大国向制造强国转变意义重大。高职教育在使学生掌握技术技能的同时，

---

[1] 习近平.在全国劳动模范和先进工作者表彰大会上的讲话[N].人民日报，2020-11-25（2）.

也要求养成爱国敬业、诚实守信、勤勉尽责的职业道德，和执着专注、精益求精、一丝不苟、追求卓越的劳模精神、工匠精神。

综上所述，我国高等职业教育经过 40 余年的发展历程，已成为高等教育的重要力量。高等职业教育兼有"高等性"和"职业性"双重属性，高职院校应坚持把立德树人作为中心环节，将育人与育才工作相统一，对受教育者进行思想政治教育和职业道德教育，为新时代中国特色社会主义建设培养高素质技术技能人才。

第一章

课程育人：高职院校思政课程与课程思政同向同行协同育人

课程是高校育人的重要载体，是传播知识的主要途径。2017年12月6日，教育部颁布的《高校思想政治工作质量提升工程实施纲要》提出了"十大育人"体系，课程育人位居首位，足见其在育人体系中的地位和作用。"'培养什么人、怎样培养人、为谁培养人'始终是教育的永恒主题和根本问题。"①在中国大地上兴办的大学必须是社会主义性质的大学，要始终体现中国特色社会主义的政治属性。习近平总书记也曾指出："古今中外，每个国家都是按照自己的政治要求来培养人的，世界一流大学都是在服务自己国家发展中成长起来的。我国社会主义教育就是要培养社会主义建设者和接班人。"②新时代背景下，高职院校思想政治理论课与其他各类课程都必须找准自身的定位，充分发挥各自的功能和作用，守好一段渠、种好责任田。全面推进思政课程与课程思政同向同行，发挥协同育人的重要作用，构建系统化、规范化、信息化的"大思政"工作格局势在必行。

一、思政课程与课程思政的基本要义

教书育人是教师的神圣职责，课堂是育人的主阵地和主渠道，课程是育人最重要的载体。列宁曾经在《致卡普里学校学员们》的信中指出："在任何学校里，最重要的是课程的思想政治方向。这个方向由什么来决定呢？完全而且只能由教学人员来决定。"③习近平总书记也指出："每个国家都是按照自己的需求来教育和培养人的，我国的教育就是要培养社会主义建设者和接班人。"④在我国兴办的学校必须要。教师作为育人的主力军，就要做好自己的本分工作，坚守好课堂教学这个主渠道，使各门课程，同频共振形成育人合力，凝聚力量增强育人实效。

---

① 蓝晓霞. 深入落实立德树人根本任务[N]. 光明日报，2018-08-21（6）.
② 习近平. 在北京大学师生座谈会上的讲话[N]. 人民日报，2018-05-03（2）.
③ 列宁. 列宁全集：第四十五卷[M]. 北京：人民出版社，1990：249.
④ 习近平. 在北京大学师生座谈会上的讲话[N]. 人民日报，2018-05-03（2）.

第一章 课程育人：高职院校思政课程与课程思政同向同行协同育人

（一）思政课程与课程思政的内涵

从哲学上说，概念是反映事物本质属性的思维形式，是人类对一个复杂的过程或事物从感性上升到理性的认识和理解。概念是研究的逻辑起点，对于思政课程和课程思政的概念，也是从现实感知的事物的共同本质特点中抽象出来，加以提炼和概括形成的。

1. 思政课程

"思政课程"是高校思想政治理论课的简称，根据教育部印发的《新时代高校思想政治理论课教学工作基本要求》，思想政治理论课是对学生进行马克思主义理论教育的主要途径，是提高学生的马克思主义理论素养，坚定学生的马克思主义政治立场，巩固学生马克思主义观的核心课程。思政课程是巩固马克思主义高校意识形态领域指导地位，贯彻党的教育方针及国家办学理念和方向，实现立德树人根本任务和改进高校思想政治教育工作内涵式发展的主阵地，其目的就在于教导学生运用马克思主义的立场和观点辩证地看待现实生活中遇到的各种问题，引导学生树立正确的"三观"，积极践行社会主义核心价值观，努力成为堪当民族复兴重任的时代新人。根据中共中央宣传部、教育部印发的《新时代学校思想政治理论课改革创新实施方案》，大学阶段开设"思想政治理论课"必修课程和选择性必修课程。高等职业学校设置必修专科课程："毛泽东思想和中国特色社会主义理论体系概论"（4学分）、"思想道德与法治"（3学分）、"形势与政策"（1学分），充分应用课堂教学，促使学生坚定理想信念、厚植爱国主义情怀、加强品德修养。高等职业学校开设专科选择性必修课程，确保学生至少从"四史"中选修1门课程，引导学生增长见识，增强政治定力。高等职业学校要规范实践教学，把思想政治教育有机融入社会实践、志愿服务、实习实训等活动中，切实提高实践教学实效。

2. 课程思政

课程思政是指以构建"三全"育人工作格局为目的，将思想政治元素融入各门课程教学过程中，实现所有课程与思政课程同向同行，形成协同效应，落实立德树人根本任务的一种教育理念。党的十八大以来，大学生思想政治教育得到空前发展和高度重视，党中央先后出台了一系列关于大学生思想政治教育的政策举措，明确提出要坚持把"立德树人"作为中心环节，深化学校教育"育人为本、德育为先"的教育理念，深刻阐释了"办什么样的大学、怎样办大学""培养什么样的人、怎样培养人""为谁培养人"三者之间的内在逻辑和根本联系。"课程思政"是上海市经历了10年的德育综合改革后，于2014年从区域实践层面提出的工作理念，上海市相关试点高校挖掘专业课程思想政治教育资源，推出了"大国方略"等一批"中国系列"课程，形成了一套有价值、可推广的"上海经验"。"课程思政"的提出在全国掀起了一场课程改革的热潮，这种教育理念创造性地实现了多门课程360度"熔炉式"立体化的思想政治教育新模式，突破了传统教育模式的局限性，开辟了新时代育人工作的新方向和新道路。

（二）思政课程与课程思政的关系

思政课程和课程思政虽然表面上看起来只是"思政"和"课程"这两个词顺序的不同，但所蕴含的意义却不相同，二者既有联系又有区别。思政课程和课程思政虽然各有侧重，但却是同向同行的。

1. 思政课程与课程思政的联系

习近平总书记在全国高校思想政治工作会议上指出："要坚持把立德树人作为中心环节，把思想政治工作贯穿教育教学全过程，实现全程育人、全方位育人，努力开创我国高等教育事业发展新局面。"[1]思政课程和课程思政都是高校思想政治教育的重要组成部分，是显性教育和隐性教育的

---

[1] 习近平. 习近平治国理政：第二卷[M]. 北京：外文出版社，2017：376.

完美结合，共同担负着立德树人的根本任务，发挥着对大学生的思想价值引领作用，二者的共同目标是把大学生培养成社会主义事业的合格建设者和可靠接班人。

首先，"立德树人"是所有教育工作者的职责。高等职业教育以培养高素质技术技能人才为己任，理应贯彻党和国家的教育方针，达到立德树人的育人目标，帮助学生树立正确的世界观、人生观、价值观，提高技能水平，走上正确的发展道路。在全球多元价值文化对我国文化的冲击和影响下，单纯依靠思政课教师的课堂教学与过度依赖辅导员的班会教育对大学生进行价值引导，其局限性日益凸显，亟须发挥多学科优势，全课程、全方位育人。2004 年，中共中央、国务院印发的《关于进一步加强和改进大学生思想政治教育的意见》明确指出："坚持教书与育人相结合。学校教育要坚持育人为本、德育为先，把人才培养作为根本任务，把思想政治教育摆在首要位置。"[①]要构建大学生思想政治教育一体化格局，必须旗帜鲜明地提出，坚持立德树人是所有教育工作者的神圣使命，不仅应将其纳入高职院校各级党组织的主体责任，还应将其列为广大教师和干部职工责无旁贷的岗位责任，特别是成为与学生密切联系的专业课教师的神圣职责。

其次，课程思政体现出所有课程都有育人功能。德国教育家赫尔巴特宣称："教育的唯一工作和全部工作可以总结在这一概念之中——道德。道德普遍被认为是人类追求的最高目的，因此也是教育的最高目的。"[②]美国教育家杜威认为："道德是教育的最高和最终的目的。""道德过程和教育过程是统一的。"[③]2017 年，教育部党组印发的《高校思想政治工作质量提升工程实施纲要》针对"课程育人"，明确提出要大力推动课堂教

---

① 中共中央国务院发出《关于进一步加强和改进大学生思想政治教育的意见》[EB/OL].（2004-10-15）[2023-03-13]. http://www. moe. gov. cn/jyb_xwfb/gzdt_gzdt/moe_1485/tnull_3939. html.
② 赫尔巴特. 普通教育学[M]. 北京：人民教育出版社，2015：30.
③ 杜威. 民主主义与教育[M]. 武汉：长江文艺出版社，2018：305.

育改革，以课程思政为目标，全面优化课程设置和教学设计，加强课堂管理和教学评估，将各门课程所蕴含的思政元素全面融入课堂教学各环节，实现思想政治教育与课程内容的有机统一。课程思政的建设任务被具体化与明确化了。高职院校的社会服务功能和职业技术特征明显，无论是教育理论课程还是实践技能课程，都是使思想政治教育具体化、生动化的载体，通过与学生社会理想、专业技能、个人素养有机结合，帮助学生树立正确的道德观、职业观和成才观。

2. 思政课程与课程思政的区别

思政课程和课程思政都有传播社会主义意识形态、践行社会主义核心价值观、引导社会主流声音的育人功能和目的，但在授课内容、教学方法和课程建设上却有明显区别。

在授课内容上，思政课程承担着对大学生进行系统的马克思主义理论教育的任务，是对大学生进行思想政治教育的主渠道，以马克思主义理论、道德与法治等为主要内容；课程思政主要侧重于思想价值引领，强调以专业知识为载体，寻求专业知识与思想政治教育元素相关联的内容，从而加强思想价值引领。在教学方法上，思政课程主要以显性的方式，旗帜鲜明地讲政治，将系统化的思政课程体系的相关内容传授给学生，增强学生的政治意识和政治判断力；课程思政主要以隐性的方式，自然而然地将社会主流思想和意识形态内容渗透于专业课的教学过程中，达到学习知识、掌握技能与润物细无声的育人效果。在课程建设上，思政课程作为育人的骨干课程，要体现思政课程的政治属性和理论属性，要增强思政课程的学理性和实践性；课程思政是以课程为载体的育人途径，要彰显课程的专业性和实操性，要突出课程的独特性，体现专业特色，寓思想政治元素和价值观教育于专业知识学习和技能培养之中，实现思政课程与课程思政的完美结合。

（三）思政课程与课程思政同向同行

思政课程与课程思政都是有意识地以影响人的身心发展为目标的教育活动。马克思主义认为，教育是人类特有的一种社会现象，具有普遍性，是教育者根据一定社会、一定阶级的要求对受教育者实行的一种有目的、有计划、有组织地传授知识技能、培养思想品德、发展智力和体力活动的过程，是把受教育者培养成为一定社会、一定阶级服务的人的活动。

思政课程与课程思政之间具有同向性。党的十八大以来，习近平总书记就教育问题发表了一系列重要讲话，从讲话的内容可以清晰地看出思政课程和课程思政之间同向和同行的逻辑关系。思政课程与课程思政具有达成"培养人"这一根本问题的共识，拥有掌舵"为社会主义现代化建设服务、为人民服务"这一根本方向的能力，具有贯彻落实"立德树人"这一根本任务的职责。这"三个根本"体现着国家教育的政治立场和方向，具有政治上、价值上和文化上的同向性。因此，思政课程与课程思政都要把思想政治教育贯穿于教育教学全过程，不仅要在教育方向、教育任务上同向而行，而且要在教育目标和教育要求上保持一致性，都要朝着为中国特色社会主义事业培养合格建设者和可靠接班人的方向发展。

课程思政与思政课程具有道路、理论和认知上的同行性。课程思政拓宽了思政课程的路径，为思政课程提供了充足、丰富的思政要素和资源，思政课程作为育人的主导力量具有开路先锋的作用，为课程思政的建设指明了正确的发展道路。思政课程和课程思政作为育人的重要载体，本身拥有深层的逻辑性和理论性，通过理论的有机结合和认知上的同向同行，实现理论与实践的结合，达到理论认知上与现实实践上的相统一。"'同向'是'同行'的前提，'同行'是'同向'的目的"[1]，思政课程与课程思政同向同行是辩证统一的，符合当下社会教育发展的潮流和方向。思政课程与课程思政同向同行是教育价值理性的回归，其意义在于"让我们的大

---

[1] 温潘亚. 思政课程与课程思政同向同行的前提、反思和路径[J]. 中国高等教育，2020（8）：12-14.

学生修筑起一座'承重墙'，让大学生们在走向社会时能够'承重'，能够经得起各种考验"①。

二、高职院校思政课程与课程思政同向同行协同育人的现实困境

思政课程与课程思政同向同行是落实立德树人根本任务的重大创新和突破，是"大思政"背景下高职院校思政课程改革的热点，顺应社会发展的时代潮流和方向。但在实践过程中，关于思政课程与课程思政同向同行协同育人的热议声音不断、杂音此起彼伏，使得思政课程与课程思政协同育人的实际效果与人们的期盼之间存在着一定的差距。这就要求我们在"热观察"的同时要善于"冷思考"，理性分析影响思政课程与课程思政同向同行协同育人效果的原因。

（一）主观认知上对课程思政存在误解

课堂育人的效果依赖于教师的主导性作用和学生的主体性作用的发挥，需要师生双方的认同、配合与协同。

首先，部分教师认为课程主要以给学生传授知识为目标，忽视了人才培养中价值观引领的重要任务。高职院校的教育教学活动内容主要有思想政治理论课、通识课和专业课三大类课程体系，这三类课程体系具有不同的教学目标，但都以"立德树人"为根本任务。然而，在现实实践中课堂教学大多围绕"知识"进行，即教师以完成预设的知识量作为教学任务，追求知识结构的完整化、结构化、系统化，学生以获取知识为学习任务，忽视了学生综合素质能力的培养和正确价值观的引领，影响了思政课程与课程思政同向同行的步伐与进程。

其次，部分学生对思政课的性质、作用、价值和意义存在主观认知上

---

① 陈宝生：现在的思政课"配方"陈旧"工艺"粗糙[EB/OL]. （2017-03-12）[2023-04-13]. http://news.cyol.com/content/2017/03/12/content_15742256.htm.

的误区，认为思政课的作用主要是传达国家的大政方针政策，缺乏实践的基础，再加上用人单位的用人导向和严峻就业形势的影响，学生更加注重专业课程的实用性和可操作性，进而产生了思政课"无用论"的错误思想，使思政课这个育人主渠道的作用无法充分发挥。

为解决好思政课程与课程思政同向同行的问题，强化各类课程的育人功能，实现"三全育人"，上海市于2014年开始探索"课程思政"的教学模式，在全国范围内最早开启了思政课程实践教学改革的先河。2017年，中共中央办公厅、国务院办公厅印发的《关于深化教育体制机制改革的意见》，第一次将"课程思政"一词正式写入文件，提出大力推动以"课程思政"为目标的课堂教学改革，课程思政的教育理念在全国范围内延展开来，上升为国家教育的战略目标。

（二）客观实践中对思政元素挖掘不当

思政课程与课程思政的同向同行应是一种和谐共生的自然状态。然而，在具体实践中，高职院校各类课程教师对思政元素的挖掘存在浮于表面、泛思政化、一刀切等不够深刻、不够准确、不够灵活的现象，导致思政课程和课程思政在求同存异的过程中陷入了形式主义的泥沼。

首先，对思政元素的挖掘浮于表面。我们在教学实践过程中可以发现，高职院校学生对专业课程融入与课程相关的思想政治教育元素并不排斥，尤其对专业课程增强学科精神、行业规范，职业操守及道德等方面的内容比较认可。这就要求教师在挖掘思想政治教育元素时要特别关注思政元素与知识点的关联性。部分教师对思政元素的挖掘浮于表面，只是将马克思主义的经典理论套用在课堂教学中，给人一种与教学内容根本不匹配却非要强行关联的感觉，导致学生萌发了对思政元素的排斥情绪和逆反心理，教学效果大打折扣。

其次，对思政元素的挖掘泛思政化。挖掘思政元素务必要处理好知识、能力、价值三维目标之间的关系，知识是基础，能力是目标，价值是方向。

课程思政要在传授知识和培养能力的基础上进行价值方向的引领，如果只注重价值引领，忽视了知识传授和能力培养，课程思政就失去了可依托的基石，将专业课和通识课上成了思政课，出现"泛思政化"的现象。这种现象导致的直接后果是学生只学到了干瘪的思想政治理论知识而无专业知识和技术能力，无法满足社会和市场的需要。

最后，对思政元素的挖掘一刀切。思政元素的挖掘应该牢牢把握课程属性和学科优势。每一门课程都不相同，因此各门课程思政元素的挖掘要把握好"度"，要因课而异，不能"一刀切"。在课程教学中，要坚守正确的政治方向，坚定正确的价值取向，关注学术导向，而不能罔顾不同知识体系的相融相通点，只是将思政元素和知识点进行简单叠加和生硬"缝合"，这样机械搬运的结果和同向同行的价值追求距离甚远。

习近平总书记在全国高校思想政治工作会议上指出："好的思想政治工作应该像盐，但不能光吃盐，最好的方式是将盐溶解到各种食物中自然而然地吸收。"[1]只有根据专业知识挖掘思政元素，紧紧围绕坚定学生理想信念，培育和践行社会主义核心价值观，以爱党、爱国、爱人民为主线，将思想政治教育贯穿于学生的日常学习和生活，才能达到思政课程与课程思政同向同行协调育人的效果。

（三）协同育人的考核评价标准缺乏

思政课程与课程思政同向同行协同育人的考核评价，就是要形成"以一导多"的课程运行机制，即形成以思政课为主导，其他各门课程协同推进的工作评价模式，发挥课堂思政育人的引领示范作用。

思政课程与课程思政同向同行协同育人的最终目标是"为党育人、为国育才"，培养能够担当民族复兴大任的时代新人。思政课程与课程思政的考核评价，必须把握教书育人规律、人的思想品德形成发展规律与学生

---

[1] 习近平. 习近平治国理政：第二卷[M]. 北京：外文出版社，2017：376.

成长规律，立足于课程建设及教学评价，最大限度地促进教育对象价值观、综合素养的全面提升。思政课程与课程思政的教学目标很多属于内隐性成果，例如职业素养、价值观、文化修养、人生态度等，内隐性成果一是很难在短时间内被了解，二是很难进行测量，这也是思政课程与课程思政考核评价的难点。同时，思想政治教育的内容不仅仅是一种认知过程，更是一种体验，需要学生自己去观察、去感悟，在潜移默化中养成良好的思想政治素质，这种体验感也是很难评价的。思政课程与课程思政同向同行协同育人缺乏一套行之有效、具有可操作性的考核评价标准，致使在实际行动中难以达到理想的育人效果。

三、高职院校思政课程与课程思政同向同行协同育人的对策建议

高职院校思政课程与课程思政同向同行协同育人是一项巨大的系统工程，必须以立德树人为根本任务，以教师队伍建设为着力点、以顶层设计为出发点、以体制机制为落脚点，将思政元素融入各门课程，构建起内容体系完整、机制体制协同、可操作性强的思政课程与课程思政同向同行协同育人新格局。

（一）加强思想引领，以教师队伍建设为着力点

新时代高职院校学生思想政治教育工作既非学生辅导员的"独角戏"，也非思政课教师的"单幕剧"，而是全员参与、多方协同的"合奏曲"和"交响乐"。无论是思政课教师还是专业课和通识课老师，都要站稳政治立场，加强自身理论素养，在思政课程和课程思政同向同行协同育人的进程中亮出马克思主义的政治底色，引导学生树立正确的世界观、人生观和价值观。思政课教师要发挥好"思政课程"这个育人主渠道，专业课、通识课教师要充分挖掘各类课程中所蕴藏的思政元素，自觉将学生思想价值引领贯穿于课程教学全过程，进一步增强思政课程与课程思政同向同行协

同育人的效果。

习近平总书记指出:"办好思想政治理论课关键在教师,关键在发挥教师的积极性、主动性、创造性。思政课教师,要给学生心灵埋下真善美的种子,引导学生扣好人生第一粒扣子。"①思想政治理论课是落实立德树人根本任务的关键课程。思政课教师作为党的最新理论和国家大政方针政策的积极宣传者和践行者,必须要有坚定的政治立场,要旗帜鲜明地讲政治。习近平总书记在学校思想政治理论课教师座谈会上针对提高思政课教师素养提出了六个"要":政治要强、情怀要深、思维要新、视野要广、自律要严、人格要正。高职院校应加强思政课教师师德师风建设,坚持教书和育人相统一,以透彻的马克思主义理论魅力来说服学生,以马克思主义的真理力量来感召学生;自觉用习近平新时代中国特色社会主义思想武装头脑,积极弘扬主旋律、传递正能量;坚持言传和身教相统一,自觉做学生的表率,用高尚的人格感染学生;始终坚持立德树人这一根本任务,使学生保持政治定力,厚植爱国主义情怀,坚定共产主义信仰,自觉抵御不良思想文化的侵蚀。

习近平总书记指出:"高校教师要坚持教育者先受教育,努力成为先进思想文化的传播者、党执政的坚定支持者,更好担起学生健康成长指导者和引路人的责任。"②专业课和通识课教师作为课程育人的主体,自身的理论素养和个人品德关系着课程育人的质量和效果。课程思政在政治方向上必须旗帜鲜明,要与思政课程遥相呼应、相得益彰。尤其是随着全球化进程的不断发展,各种社会思潮对思想尚未成熟的大学生造成了巨大的冲击,使他们受到了不良思想文化的侵袭,这就需要抓住教师队伍这支"主力军"。高职院校应组建包括思政课教师、专业课教师、信息化技术教师、专职科研教师在内的课程思政创新教师团队,坚持在人才培养过程中贯穿"职业素养、情感态度和价值观"目标,坚持人才培养方向与知识目标、

---

① 习近平. 思政课是落实立德树人根本任务的关键课程[J]. 求是,2020(17).
② 习近平. 思政课是落实立德树人根本任务的关键课程[J]. 求是,2020(17).

技能目标并重，全面提升高等职业教育专业人才培养水平。

（二）科学构建内容，以顶层设计为出发点

课程思政开辟了思政课改革的新道路和新途径，要从顶层设计出发，构建科学的课程内容和课程体系，把课程讲活、把体系讲通、把内容讲透、把故事讲好、把道理讲明白，让学生能够理所当然地接受。就像马克思说的："理论只要说服人，就能掌握群众；而理论只要彻底，就能说服人。所谓彻底，就是抓住事物的根本。"①只有这样学生才能主动学、乐意学。同时，要从学生的实际情况出发，准确把握时代的价值要求与学生的思想现状和发展诉求，内化为思想，外化为教学方案。这就需要任课教师要以专业课程为载体，全面融入思政元素，加强对专业人才培养的价值引领，形成"专业—课程—课堂—教师—学生"五位一体化的课程思政教学良性循环。

高职院校要加强思想政治理论课建设。高职院校要以"毛泽东思想和中国特色社会主义理论体系概论""思想道德与法治""形势与政策"必修课程为载体，充分利用课堂教学和社会实践，引导学生坚定理想信念、厚植爱国主义情怀、加强品德修养；开设选择性必修课程，开阔学生视野。学校要大力实施思想政治理论课教学改革，探索实施思想政治理论课教师与专业课教师、价值引领与专业教育两个"1+1"结合，以专业为基础，建设学生真心喜爱、终身受益、体现职业教育特点的思政课程。

高职院校要加强学生的社会实践教育，把思想政治教育有机融入社会实践、志愿服务、实习实训等活动，提高实践教学实效。学校要在专业实践课程中，结合职业教育特点，充分利用课内实训、集中实训等教学环节，增强学生的创新能力和动手操作实践能力；要充分结合学校办学特色，加强志愿服务意识培育，弘扬劳动精神，鼓励学生积极参加社会实践，通过

---

① 马克思，恩格斯.马克思恩格斯选集：第一卷[M].北京：人民出版社，2012：9-10.

实践锤炼意志，铸就品格；深入开展社会治理和公共服务教育，结合学校办学特点，充分发挥社会公共服务专业群价值引领作用，挖掘行业典型人物和典型事件，结合抗疫斗争重大战略成果，培养学生仁爱、服务、奉献、担当等公共服务精神。

（三）保障组织实施，以机制建设为落脚点

思政课程与课程思政同向同行协同育人是一项复杂的系统工程，需要建立健全运行机制，以保障提升课程育人实效，夯实育人成长根基。高职院校课程思政与思政课程同向同行协同育人的组织实施主要从以下四个方面推进。

首先，加强组织领导，构建实施体系。高职院校要坚持上下一盘棋，以党建引领学校事业发展，构建整个学校的实施体系，建立党委统一领导、党政齐抓共管、教务部门牵头抓总、相关部门联动、二级学院落实推进的课程思政建设工作新格局。党委宣传部负责指导课程思政建设导向，教学事务部负责制定工作方案并组织实施，党委教师工作部负责协同加强教师培训和考核，二级学院负责具体落实推进课程思政，质量管理中心负责对课程思政建设开展质量评价。

其次，加强统筹协调，组建建设团队。高职院校要全面统筹，有效衔接，合理划分权利，构建起主体明确、责任清晰、相互配合的多层级的协同管理、协同合作推进的机制。学校组建课程思政发展规划、教学设计、技术支持团队，负责对全校课程思政建设提供支持；二级学院在落实课程思政过程中，鼓励跨学院、跨专业、跨领域组建课程建设团队，系统规划课程思政体系建设，从课程设计、教学实施、技术支持、教研教改等方面，全方位提升课程改革成效。

再次，加强制度建设，落实经费保障。高职院校要制定课程思政建设制度，设立专项经费，专款专用，落实经费保障。以重庆城市管理职业学院为例，该校印发的《思想政治理论课教师"三联系"制度实施方案》，通过思想政治理论课教师联系一个二级学院、联系一个专业、联系一个班级的方式形成思政课教师全员、全过程、全方位"一体化"育人工作格局；《关于社会主义核心价值观融入全课程教育的实施意见》以实现社会主义核心价值观教育的课程门类全覆盖、课程运行过程全覆盖为目的，围绕课程建设形成了传播社会主义核心价值观的全方位格局和践行社会主义核心价值观的生动局面，为课程思政建设奠定了基础；《"课程思政"建设工作实施方案》以理论探索、个别试点、专业推广、全面展开为主要推进形式，分阶段、有重点地逐步实施课程思政建设，实现专业课全覆盖。

最后，加强质量管理，注重建设成效。高职院校要构建科学规范、导向明确的激励机制和注重建设成效的考核评价机制，建立课程思政进入教师考核评价和学生教学评价制度，加强教学督导，教学管理人员不定期进课堂督查课程思政落细落实情况，形成课程思政课堂教学践行的新常态。学校要将课程思政建设纳入学校内部质量保障体系，实施建设质量诊断与改进；课程思政目标纳入二级学院年度目标，注重成果凝练，夯实教学设计、微课、案例库、教案、课件等资源建设，注重示范教师、示范课程、教学改革等教学成果凝练，打通思政课程与课程思政的"最后一公里"壁垒。

四、小结

思政课程与课程思政同向同行协同育人是新时代思政课改革的重要举措和必然发展规律，是落实立德树人根本任务和实现"三全育人"新模式的重大突破和创新，既要考虑"思政课程"的本质属性，又要关注"课程思政"的教学效果和育人成效。高职院校思政课程与课程思政同向同行协同育人要以教师队伍建设为着力点，加强思想引领构建协同育人的师资队伍体系；以顶层设计为出发点，构建显性教育和隐性教育结合的协同育人课程体系；以机制建设为落脚点，构建各司其职的组织领导体系和科学规范的课程育人保障体系。

五、实践分享——现代物流管理专业群课程思政实践平台

2021年9月，重庆市教委发布高水平高职学校和专业群立项建设计划项目（含培育）立项建设名单的通知，重庆城市管理职业学院现代物流管理专业群被列入重庆市"双高计划"建设单位立项建设专业群。为全面落实立德树人根本任务，深入推进现代物流管理专业群课程思政建设，提升教师课程思政理论认知与实践能力，特设立现代物流管理专业群课程思政研究实践平台建设任务。

1. 专业群课程思政实施情况

（1）全过程体现课程思政。在课前准备、课中运用、课后检查等过程全面运用课程思政元素，并进行及时的监督评价。在教材建设、教师培养、课程开发、课堂管理以及评价监督等方面全面融入课程思政，精准化管理评价，并进行标志性成果的打造和培育。

（2）全员参与课程思政。专业课教师根据人才培养方案进行课程思政改革，收集思政元素和案例，建立形成以专业群为单位的课程思政资源库，同时通过教学团队建设、项目申报等方式参与课程思政研究。

（3）修订人才培养方案。专业群各专业制定的人才培养方案要践行社会主义核心价值观，增进学生对中国特色社会主义的思想认同、政治认同、理论认同和情感认同。将课程思政和教学有机结合，潜移默化，让学生立志成为有理想信念、有道德情操、有扎实学识、有仁爱之心的栋梁之材。

（4）存在的问题。专业课教师缺乏课程思政系统学习和指导，挖掘思政元素的能力比较薄弱，对思政元素有机融入教学环节的能力有待提升。专业课教师团队培育力度不够，在课程思政建设方面研究成果不够显著。

2. 专业群课程思政实践平台建设

（1）专业群课程思政实践平台进行课程思政项目化、特色化、专题化研究，不断提质培优（如表1-1所示）。首先，以人才培养方案的修订为

抓手，形成课程思政共享资源库，将专业理论知识和思政元素有效结合，丰富课堂教学形式，增强课堂吸引力。其次，以国家级课程思政团队名师为核心，打造和培育课程思政教学团队。最后，开展课程思政研究，提升教师的课程思政建设意识，形成值得推广的研究成果。

表 1-1　现代物流专业群课程思政平台建设项目

项目系列	项目任务	参与人员
"教材"融入课程思政	开发现代物流管理专业群课程思政专题	专题团队
	打造优秀课程思政教材	
"教师"加强课程思政	培育课程思政教学团队	教师团队
	申报课程思政教学研究项目	参与人员
	公开发表课程思政教学研究论文	参与人员
"课程"融入课程思政	打造课程思政示范课程	课程团队
	获得课程思政教学竞赛奖项	参与教师
"课堂"融入课程思政	打造课程思政教学案例	全体教师

（2）以现代物流管理产业行业企业发展特色为依托，进一步挖掘"商文化""贸链接""畅流通"的思政元素，突出"中国文化""中国地位"和"中国力量"；以具体的专题为载体，实现特色化课程思政的有效实施（如表1-2所示）。

表 1-2　现代物流专业群课程思政专题开发

专题名称	专题形式	应用领域
现代物流管理领域（行业）创新发展专题	专题报告	入学教育、职业认知、专题讲座、课程教学
现代物流管理领域（行业）支撑国家战略融入区域发展专题	专题报告、案例分享	入学教育、职业认知、专题讲座、课程教学

续表

专题名称	专题形式	应用领域
现代物流管理行业企业典型人物事迹专题（行业领军人物/先进集体个人、劳动模范、优秀党员等能体现职业道德、工匠精神、劳模精神的事迹）	专题报告、案例分享	入学教育、职业认知、专题讲座、课程教学
消费领域中的"国货""国潮"专题	专题报告	职业认知、专题讲座、课程教学

第二章

科研育人：科研育人视域下高职院校学生创新创业能力培养

随着时代和社会的不断发展，各个国家、各个行业、各个领域的竞争愈演愈烈，这些竞争归根结底都是人才之间的竞争。人才创新是新时代我国核心竞争力提升的重要途径。习近平总书记在党的二十大报告提出深入实施人才强国战略，强调："培养造就大批德才兼备的高素质人才，是国家和民族长远发展大计。功以才成，业由才广。"①青年是国家和民族的希望，青年大学生思维活跃，创造力强，是推动我国自主创新和产业转型的一股重要力量。《高校思想政治工作质量提升工程实施纲要》强调发挥科研育人功能："引导师生树立正确的政治方向、价值取向、学术导向，培养师生至诚报国的理想追求、敢为人先的科学精神、开拓创新的进取意识和严谨求实的科研作风。"②高职院校承担着服务社会和区域经济发展的重要职能，需要通过科研育人，提升学生的科学素养和创新意识，树立开拓进取、求真务实的工作作风，打造技术技能人才培养高地和技术技能创新服务平台。

一、科研育人视域下高职院校学生创新创业能力培养概述

（一）创新创业的内涵

"创新"一词出自《南史·后妃传上·宋世祖殷淑仪》，指创立或者创造新的东西。在经济学上，创新概念起源于美籍经济学家约瑟夫·熊彼特（Joseph Alois Schumpeter）在1912年出版的《经济发展理论》一书。他在书中指出："创新是把一种新的生产要素和生产条件的'新结合'引入生产关系。"③由此可见，"创新"反映了一种新的"生产函数"。现

---

① 习近平. 高举中国特色社会主义伟大旗帜 为全面建设社会主义现代化国家而团结奋斗——在中国共产党第二十次全国代表大会上的报告[M]. 北京：人民出版社，2022：36.
② 中共教育部党组关于印发《高校思想政治工作质量提升工程实施纲要》的通知[EB/OL].（2017-12-06）[2023-04-20]. http://www.moe.gov.cn/srcsite/A12/s7060/201712/t20171206_320698.html.
③ 熊彼特. 经济发展理论[M]. 北京：中国华侨出版社，2020：60.

代管理学之父彼得·德鲁克（Peter F. Drucker）在分析熊彼特相关理论的基础上，进一步推动了创新理论的发展，他认为"创新是赋予资源创造财富的新能力"[①]的行为。创新创业，是以创新为基础的创业活动，前者是后者的前提和基础，后者是前者的目标和延伸，两者相互依存，共同发展。

党的十八大以来，党和国家高度重视大学生创新能力的培养，大力推进、激励、支持大学生的创新创业工作。党的十八大报告提出要"鼓励创业""促进创业带动就业"[②]。2014年9月，国务院原总理李克强同志在夏季达沃斯论坛上首次提出"大众创业、万众创新"的理念[③]，在全国掀起了"大众创业，万众创新"的热潮，国务院先后发布了14份有关创新创业的重要文件，其中，2015年颁布的《国务院关于大力推进大众创业万众创新若干政策措施的意见》，2017年颁布的《关于强化实施创新驱动发展战略进一步推进大众创业万众创新深入发展的意见》等文件都提到了大众创业、万众创新，将创新创业摆在了国家发展的重要位置。2018年国务院颁布的《关于推动创新创业高质量发展打造"双创"升级版的意见》指出，打造"双创"升级版，推动创新创业高质量发展，有利于提升科技创新和产业发展活力，有利于创造优质供给和扩大有效需求，有利于进一步增强创业带动就业能力，对增强经济发展内生动力具有重要意义。习近平总书记在致2013年全球创业周中国站活动组委会的贺信中强调："青年是国家和民族的希望，创新是社会进步的灵魂，创业是推动经济社会发展、改善民生的重要途径。""全社会都要重视和支持青年创新创业，提供更有利的条件，搭建更广阔的舞台，让广大青年在创新创业中焕发出更加夺目的青春光彩。"[④]

[①] 德鲁克. 创新与企业家精神[M]. 北京：机械工业出版社，2022：25.
[②] 胡锦涛在中国共产党第十八次全国代表大会上的报告[EB/OL].（2012-11-19）[2023-04-20]. http://www.npc.gov.cn/zgrdw/npc/bmzz/llyjh/2012-11/19/content_1992274.htm.
[③] "大众创业万众创新"战略扎实推进[EB/OL].（2015-09-21）[2023-04-20]. http://www.gov.cn/xinwen/2015-09/21/content_2935982.htm.
[④] 习近平致2013年全球创业周中国站活动组委会贺信[EB/OL].（2013-11-08）[2023-04-20]. http://www.gov.cn/govweb/ldhd/2013-11/08/content_2524400.htm.

（二）高职院校学生创新创业能力培养的重要性

习近平总书记在党的二十大报告提出："必须坚持科技是第一生产力、人才是第一资源、创新是第一动力。"[①]科研育人作为高校育人的重要途径，更多的是从培养学生的创新思维、创造精神和实践能力出发，为高职院校专业人才培养教育改革提供新的方向和路径，为加快我国社会转型进程，实现中华民族伟大复兴的中国梦提供强大的人才保障和技术技能支撑。

1. 国家层面

中国特色社会主义进入了新时代，我国社会主要矛盾已经转化为人民日益增长的美好生活需要和不平衡不充分的发展之间的矛盾。我国经济发展方式也在发生重大转变，由原来追求规模、速度的粗放型增长向更加注重质量、效率的集约型增长转变。面对世界经济复苏乏力的外部环境，党中央、国务院作出了深入实施创新驱动发展战略的重大决策部署，我国经济增长动力迫切需要从要素驱动转为创新驱动。党的二十大报告提出，"要坚持创新在我国现代化建设全局中的核心地位""加快实施创新驱动发展战略"[②]，通过科研育人培养高职院校学生创新能力，是响应创新驱动发展战略的重要举措，顺应了时代发展的潮流，有助于深化人才供给侧结构性改革，推动人才高质量发展；符合高职院校创新创业教育教学改革的要求，有助于培养学生的创新创业意识和激发学生的创新创业潜能，更好地为经济社会的发展贡献力量。

2. 个人层面

2022年习近平总书记在辽宁考察时指出："青年人朝气蓬勃、充满活

[①] 习近平. 高举中国特色社会主义伟大旗帜 为全面建设社会主义现代化国家而团结奋斗——在中国共产党第二十次全国代表大会上的报告[J]. 人民日报，2022-10-26（1）.

[②] 习近平. 高举中国特色社会主义伟大旗帜 为全面建设社会主义现代化国家而团结奋斗——在中国共产党第二十次全国代表大会上的报告[J]. 人民日报 2022-10-26（1）.

力，是企业发展希望所在。各级党委和政府要营造良好环境，充分激发年轻人创新创造活力。"①青年是整个社会力量中最为积极、最有生气、最富闯劲的群体，党和国家对青年群体给予了充分关注。通过科研育人培养高职院校学生的创新创业能力，不仅可以提高学生的综合素质，增强学生的就业竞争力，而且可以帮助学生树立严谨的治学态度，增长知识才干，提高团队合作的意识，有助于学生在新时代建功立业，实现自身的人生价值。

（三）科研育人与高职院校学生创新创业能力培养

科研与创新相生相伴，创新是科技发展的动力，创新与创业相辅相成，创新是创业的基础与来源。党的二十大报告提出："统筹职业教育、高等教育、继续教育协同创新，推进职普融通、产教融合、科教融汇，优化职业教育类型定位。"②科技创新是高等职业教育在科教兴国战略中肩负的新的使命，高等职业教育侧重于培养生产、服务、管理一线的技术技能人才，更关注学生的知识、技能水平与创新能力。高职院校的科研工作注重应用研究与技术创新，学校师生通过深入企业，深入生产一线，为企业新技术、新工艺、新设备开发提供技术支持与咨询服务，解决生产线上的难题，提升学生科研创新能力。高职院校的科研工作注重产教融合与社会服务，学校师生通过面向行业企业开展校企合作，产教融合，服务产业发展与区域经济，提升人才培养的针对性和有效性。

二、高职院校学生创新创业能力培养的现实困境

党的十八大以来，我国更加注重创新创业在国家经济发展中的作用，

---

① 习近平在辽宁考察时强调 在新时代东北振兴上展现更大担当和作为 奋力开创辽宁振兴发展新局面[EB/OL].（2022-09-09）[2023-04-21]. https://topics.gmw.cn/2022-09/09/content_36015509.htm.
② 习近平. 高举中国特色社会主义伟大旗帜 为全面建设社会主义现代化国家而团结奋斗——在中国共产党第二十次全国代表大会上的报告[M]. 北京：人民出版社，2022：34.

不断加强学生创新创业能力的培养，高校创新创业教育改革得到了空前的发展。在这种背景下，高校不断深化教育领域供给侧结构性改革，优化人才培养方案和教学方式，加大创新创业领域人才输出，取得了一定的成绩，为国家的经济转型和创新驱动发展提供了人才支持。但高职院校学生创新创业能力的培养依然面临着师资、课程、平台、管理等四个方面的困境。

（一）师资困境：缺乏专业的师资队伍

学生创新创业能力素养的高低，在一定程度上取决于教师专业水平的高低，这对高职院校的创新创业教师提出了更高的要求。教师不仅要具备扎实的专业知识，而且应该具有丰富的企业工作经历和创业经历，具备较强的动手实操能力。目前，高职院校从事创新创业教育的师资力量相对薄弱，要么是职业生涯规划课程或就业指导中心的教师，要么是辅导员或心理健康中心的教师，他们缺乏专业的创新创业理论知识素养与实践能力，很难将先进的创新创业理念传授给学生。部分高职院校开始招聘创新创业专职教师，但因较高的学历要求，高校应届毕业生成了创新创业课程的主力军，他们自身缺乏创业或企业工作锻炼的经历，对于创新创业也只停留在理论研究，缺乏真正的实操经验。部分高职院校聘请具有较为丰富创业经历或成功经验的社会人士担任创新创业兼职教师，但因其身份的临时性、不固定性，加上缺乏相应的保障和评价考核体系，授课效果也参差不齐，不能对学生创新创业能力的培养产生实质性的效果。

（二）课程困境：缺乏完整的课程体系

目前，高职院校创新创业教育的课程体系比较独立，没有实现和专业课程体系的有机融合，更没有形成完整配套的课程体系。首先，部分高职院校将创新创业教育纳入通识课的教育教学，在课程设置上存在课时少，时间短，内容缺乏专业性等问题，缺乏课程设置的系统性和教学设计的连贯性，达不到培养学生创新创业能力这一目标。其次，部分高职院校专业课教师存在重视不够、意识不强、认识不到位的情况，认为创新创业教育无关专业发展，只是学校就业工作的一部分，应由就业部门的教师和辅导员承担，专业教师只需提供必要的专业指导即可，无须全程参与，不利于培养学生的创新创业能力。

（三）平台困境：缺乏多元的实践平台

高职院校只有为学生提供多元的实践平台，才能调动学生的职业兴趣爱好和参加实践活动的热情，从而培养他们的创新能力，激发他们的创业动力。目前，高职院校创新创业教育实践基地建设有限，能为学生提供的实践平台不尽如人意。首先，部分高职院校虽与企业共建创新创业教育实践基地，但受学校资金投入不足和重视程度不够的影响，基地建设更多地流于表面形式，未能发挥创新创业教育实践基地应有的作用。同时，校企合作共建基地存在人员不稳定的问题，缺乏系统性的规划和监管，不能有效地让学生对课堂教学内容进行完整的实操。其次，部分高职院校与企业签订合作办学协议，但合作形式往往包括教师参与企业项目、聘请企业兼职教师和学生顶岗实习等，学生积累的多为一线操作技能，很少了解企业的实际管理和经营，没能充分利用企业优势资源。最后，专业教师的创新创业教学水平和实践能力不强，指导学生参加创新创业比赛的积极性不高，学生获奖的情况不多，从而影响了学生参与比赛的积极性，形成恶性循环。

（四）管理困境：缺乏健全的评价体系

目前，大多数高职院校的创新创业教育划归于学生管理部门或继续教育学院等职能部门，没有专门的管理部门，缺乏对创新创业学生管理的规范性。首先，教学标准不统一，课程设置、教学计划、考核方式等缺乏统一的指导和明确的要求，导致各高职院校"各自为政"，创新创业教育质量参差不齐。其次，部分高职院校未将创新创业教育纳入人才培养方案，在对学生创新意识、创业能力的考核与评价上，没有形成专门的考核评价体系，仅是将学生的创新创业成果通过一定的比例折算为学生的成绩，对学生开展创新创业活动的激励性不明显。最后，部分高职院校未将学生创新创业能力的培养纳入教师考核，也未形成明显的奖励性政策，教师对创新创业工作缺乏一定的激情和动力。

三、科研育人视域下高职院校学生创新创业能力培养的策略

培养高职院校学生创新精神、创业意识和创新创业能力是响应国家职业教育发展大政方针政策，提升高等职业教育服务创新发展能力的重要举措；是提升新时代高等职业教育育人质量工程，建设高质量人才培养体系的重要途径，是科研育人的内在使命。近年来，在国家的大力号召下，不少高职院校学生积极投身于创新创业浪潮，但也面临着不少困境，这就需要高职院校通过将创新创业教育融入科研育人工作及人才培养全过程，切实提升学生创新思维和实践能力。

（一）加强队伍建设，培育科研育人理念

高职院校要加强教师创新创业能力培养，树立科研育人理念。学校要通过"双师型"教师培养培训示范基地建设和"双师型"师资队伍建设，培养一批具有扎实的专业基础理论知识、能够胜任专业理论课教学任务、具有丰富的实践经验、胜任实践教学工作任务的"双师型"教师，建成一支师德高尚、素质优良、技艺精湛、结构合理的高素质专业化的"双师型"教师队伍。同时，要进一步深化产教融合、校企合作，促进校企资源共享、互惠共赢，创新校企合作运行机制，拓展合作内容、合作空间、合作渠道、合作方式，促进校企间高技术技能人员有效流动，提升教师专业素养、应用能力和实践能力。

首先，加强教师社会实践锻炼。高职院校教师要到培养培训基地开展社会实践，了解社会实际需求和发展现状，掌握行业发展的最新、最前沿的技术，熟悉企业最新的管理理念和运转流程，不断提高自身的科技创新

理论素养。同时，学校要通过信息服务和大数据综合平台建设，为教师不断提升自身的创新创业素养提供网络学习平台，既可以获取国内外优秀的学习资源，又弥补了实时培训效率低下的不足。

其次，推进技术项目合作研发。高职院校教师要发挥学院资源优势和专业优势，积极参与企业产品研发、技术改造与推广以及生产经营管理活动等技术服务工作，同时将技术成果、生产项目引入课堂教学和实习实训，反哺学生创新能力培养；鼓励教师组建"双师型"专家培训团队、技术研发团队，积极参与企业职工教育与培训任务，不断提高自身的科技创新实践能力。

最后，着力提升创新职业素养。高等职业教育的目标是培养应用型、实用型的高技术技能人才，高职院校应引导教师在工作实践中思考总结，明确研究方向，积极申报科研项目，提升个人科研创新能力；充分发挥创新平台的育人功能，将劳动精神、劳模精神、工匠精神融入创新创业教育全过程，培育学生恪守职业规范、崇尚精益求精的职业精神。

（二）构建课程体系，增强科研创新意识

如何更好地规范、完善、构建创新创业能力培养的机制，课程是关键。高职院校应建立一套完整的创新创业课程体系，重视创新创业教育的质量。

首先，高职院校创新创业能力培养课程体系建设要明确培养目标。创新创业课程培养的目标就是培养学生的创新思维和创业能力，所以在课程体系的建设上要充分考虑学生思维能力的培养和逻辑层次的分析，使学生在遇到问题时能多角度、多层次、全方位地看问题，使其突破传统思维观念的束缚，能找到最优的解决方案。通过长期的创新思维模式训练，不断提高学生的实践能力，最终达到成功创业的目标，带动更多的学生实现高质量就业。

其次，高职院校创新创业能力培养课程体系建设要调整教学方法。创新创业课程具有时效性、开创性、活跃性、实践性、探究性等特征，涉及的知识面也更加广泛,授课教师要坚持与时俱进,利用网络平台,充分发挥信息化手段的作用。课程教学要充分利用企业资源,将行业企业技术人员引入课程教学,帮助学生了解行业新动态、专业新技术,通过理论与实践相结合,掌握更多更先进的专业实践技能,激发学生的创新热情。教学过程要充分发挥学生的主动性,以目标为导向指导教学,以问题为引导激发学生思考,以竞赛为手段鼓励学生精益求精。

(三)搭建实践平台,增强科研创新能力

创新创业教育相对于其他教育更加注重实践性,注重学生技能训练和动手能力的培养,实践平台建设在创新创业能力培养中起着重要的作用。高职院校要充分利用校内外的各种资源,将创新创业实践平台建设融入专业建设和教学实践,做到教学与实践相结合。

首先,整合校内实践平台资源。高职院校应按照创新创业课程教学的需要,整合校内已有的实践平台资源,尽可能地满足学生参加多层次专业技能比赛和创新创业能力大赛的需要,通过参赛不断提高学生的实际操作能力。同时,校内定期开展创新创业学术周、创新创业专题活动月等活动,由科研创新能力较强的教师提供指导与咨询帮助;选拔优秀的学生参与专业教师的科研项目,在专业教师的指导下参加专业技能竞赛或创新创业能力大赛,从而树立正确的科研态度和创新精神,营造浓厚的科研创新能力培养氛围。

其次,加强校外实践平台建设。高职院校应充分整合地方政府、创新创业协会、行业协会等公共资源,为学生搭建创新创业能力培养的公共服务平台。学校应加强与合作企业的联系,针对行业企业亟须解决的技术问题开展技术研究,为企业提供生产帮助,以科研促进师生创新能力;开展专业讲座、学术交流和科技竞赛等活动,帮助学生获取科技前沿信息,开阔科技创新视野;引进企业创业实践项目,聘请企业专家、创业成功者、优秀创业校友等优秀人才,通过政校企协同育人开展学生的创新创业教育实践活动，不仅可以开阔学生的眼界，增长才干，还能使学生待到针对性的指导和专业训练，提升创新创业能力和实战水平。

（四）完善保障体系，提升科研创新活力

高职院校学生创新创业能力的培养要以健全的保障体系为支撑。首先，建立多层次的保障体系。完善保障体系需要各部门协同配合，应当明确部门职权范围、协调部门间关系，通过多方面的配合与协作，达到提升学校创新创业水平的良好效果。其次，建立全方位的评价体系。高职院校应建立包括政府、企业、学校、教师、学生于一体的评价体系，各主体积极参与到创新创业中，相互配合与支持，才能取得相应的成绩；对创新创业成果予以奖励，才能不断激发各主体的热情与干劲，促进创新创业教育事业的全面发展。

四、小结

随着我国社会主要矛盾的变化和经济发展水平的不断提高，创新创业已经成为引领社会发展的重要引擎，培养大学生的创新创业能力是为社会提供创新型人才，落实立德树人根本任务的重要体现。高职院校要基于科研育人的工作要求，通过"双师型"教师队伍建设来提升教师的创新创业综合素养；通过构建完整的课程体系来保证学生创新创业能力培养的完整性和连续性；通过加强校内外实践平台建设来共享优质的教学资源；通过完善保障体系来激发创新创业能力的热情；从而形成校内外联动发展，理论与实践相结合的高职学生创新创业能力培养新格局。

五、实践分享——现代商贸物流专业群创新创业服务项目

根据《重庆市教育委员会 重庆市财政局关于实施重庆市优质高等职业院校建设项目的通知》，重庆城市管理职业学院被确定为重庆市优质高等职业院校建设单位。2018—2020 年现代商贸物流专业群依托学院的 U 客众

创空间，推进创新创业服务项目任务。

1. 关注创新创业大赛，以赛促学

U客众创空间创建创新创业教育平台，组织学院师生参加各级各类创新创业大赛，以赛促学，激发学生的创造力，培养造就"大众创业、万众创新"生力军，学院学生在U客众创空间组织参加的各类比赛中取得了较好成绩（见表2-1）。根据巫山县商务委员会《关于进一步深化巫山县2020脱贫攻坚战中"校商政"扶贫合力模式成效》，2020年6月5日至7日，学院"新青年"大学生电商助农创新创业团队赴巫山基地开展"村播"带货活动。此次活动充分利用校企合作、校地合作资源，通过"抖音"和"快手"同步推广，四场直播销售巫山农副产品金额共计44 940.08元，被人民网、华龙网等媒体报道，也让学生在劳动中夯实专业能力。

表2-1 2018—2020年U客众创空间组织参赛获奖信息表

比赛名称	获奖项目	获奖时间	所获奖项级别	主办方
第四届"互联网+"大学生创新创业大赛重庆选拔赛	诚承·渝东南少数民族民俗文化体验工作室	2018年7月	优秀奖	重庆市教育委员会
	星火燎原电商扶贫项目——中西部乡村振兴模式的探索		金奖	
2018年"挑战杯——彩虹人生"全国职业学校创新创业大赛重庆赛区	往生纪	2018年8月	银奖	共青团重庆市委员会
	PETS HOME（爱宠有家）		金奖	
第六届"学创杯"全国大学生创业综合模拟大赛重庆赛区选拔赛	创业综合模拟赛项（职教组）	2019年6月	一等奖	重庆市大学中专毕业生就业指导与服务中心

续表

比赛名称	获奖项目	获奖时间	所获奖项级别	主办方
第五届"互联网+"大学生创新创业大赛重庆选拔赛	"一米阳光"与监同行——驻村社工服务乡村振兴	2019年9月	银奖	重庆市教育委员会
	"闪电联盟"一带一路背景下互联网+营销新零售模式		银奖	
重庆市第七届大学生创新创业大赛	"薪火相传"农村电商助力脱贫攻坚服务乡村振兴的新模式	2019年12月	三等奖	重庆市教育委员会
第十五届全国大学生"新道杯"沙盘模拟经营大赛重庆赛区决赛	—	2019年6月	三等奖（2个）	重庆市高等教育学会财经教育专业委员会
第七届"学创杯"全国大学生创业综合模拟大赛全国总决赛	—	2020年9月	一等奖	重庆市大学中专毕业生就业指导服务中心
第六届"互联网+"大学生创新创业大赛重庆选拔赛	弘承·渝东南少数民族民俗文化体育工作室	2020年10月	优秀奖	重庆市教育委员会

2. 提供创新创业指导，孵化项目

大学生创新创业项目科学化实施离不开行之有效的孵化服务。U客众创空间秉持"用心服务，点燃梦想"的理念，为在校学生提供创新创业实践机会，并提供项目孵化的支持与服务，帮助学生在实践锻炼中提高能力，顺利自主创业。U客众创空间聘请来自企业、学校的专家担任创业导师，通过创业讲座、项目辅导，为学生提供市场、政策、技术等指导，培养学生的创新创业意识；组织校园营销、企业实地考察等实践活动，给有创业意愿的青年提供更好的创业思路，鼓励他们坚持梦想；对优秀创业项目进行一对一辅导，给有创业意愿的学生提供创业思路及创业平台，提高创业项目完整度和竞争力。

第三章

实践育人：高职院校实践育人长效机制的构建

实践育人是我国育人体系中的重要组成部分，是人才培养的重要环节，做好实践育人工作是落实党的教育方针的必然要求。2012年，教育部等部门印发的《关于进一步加强高校实践育人工作的若干意见》指出，"坚持理论学习、创新思维与社会实践相统一，坚持向实践学习、向人民群众学习，是大学生成长成才的必由之路"①，将实践育人提升到了一个新的高度。根据《高校思想政治工作质量提升工程实施纲要》，"实践育人体系"强调："坚持理论教育与实践养成相结合……教育引导师生在亲身参与中增强实践能力、树立家国情怀。"2018年习近平总书记在北京大学师生座谈会上的讲话对广大青年提出"要力行，知行合一，做实干家"的希望，他强调："'纸上得来终觉浅，绝知此事要躬行'。学到的东西，不能停留在书本上，不能只装在脑袋里，而应该落实到行动上，做到知行合一、以知促行、以行求知，正所谓'智者行之始，行者知之成'。"②高职院校旨在培养高技术高技能人才，更应坚持人才培养理论和实践相统一，强化对学生实践能力的培养，有效提升高职院校大学生思想政治教育工作水平，这既是新时代提高人才培养质量的新要求，也是实现学生自身发展的需求。

一、实践育人概述

（一）实践育人的内涵

马克思主义实践观认为，实践的本质是人能动地改造客观世界的对象性活动，实践是探索自然、寻求发展的必要途径。实践育人是一种育人理念，是在思想政治教育理论指导下，为实现育人目标，有目的、有组织地

---

① 教育部等部门关于进一步加强高校实践育人工作的若干意见[EB/OL].（2012-02-03）[2023-04-22]. http://www.moe.gov.cn/srcsite/A12/moe_1407/s6870/201201/t20120110_142870.html.
② 习近平. 在北京大学师生座谈会上的讲话[EB/OL].（2018-05-03）[2023-04-22]. https://baijiahao.baidu.com/s?id=1599396600047589234&wfr=spider&for=pc.

引导大学生参与各项课内课外、校内校外实践活动，促进学生在实践活动中体验和发展知识，进而提高高校人才培养质量，实现大学生成长成才的教育教学实践活动。

关于实践育人的内涵，可以从以下几个方面来了解和把握。首先，实践育人是大学生自身发展的内在要求，在身心成长的重要阶段，大学生只有自己充分参与了教育过程，才能真正地受教育、长才干，坚持实践育人，实现大学生与社会的和谐交融。其次，虽然实践育人有其独特地位，但不能将理论知识学习和实践育人对立起来，二者相辅相成、相互促进，理论支撑实践，实践丰富理论，二者不能分割。最后，大学生是实践育人的主体，实践活动的最终目标是育人，实践育人的过程需要大学生的积极参与，要充分发挥大学生的主观能动性，强化实践的内生动力，要将实践意识渗透到大学生学习、生活、工作的各个方面，引导大学生主动自觉地投身社会实践活动。

（二）实践育人的基本特征

实践育人作为一种教育理念，是以学校主导、学生主体参与开展教育教学实践活动，与课程、科研、文化等一系列工作相互补充、相互促进，发挥育人功能，共同构建完备的"十大"育人体系。实践育人具有自身鲜明的特征。

一是实践性。实践育人是高校思想政治教育的重要一环，弥补了课堂理论教学的缺陷。实践性是实践育人本身的内在属性，是主观作用于客观的过程，开展实践育人活动，要以实践为基础，必须组织大学生参加到具体的实践活动中，强调大学生躬身践行，通过参与实践改造客观世界，影响大学生的思想。

二是主体性。大学生是实践育人的对象，也是参与实践活动的主体，是活动的参与者和受益者，教师是活动的组织者和引导者。实践育人要充分发挥大学生的主体性功能，鼓励他们自主设计、自主实施、自主评价，在实践活动中接受教育、学习知识。

三是多样性。实践育人具有形式、对象、载体的多样性,实践活动可以在现实的场所开展,也可以通过网络形式开展;可以集体组织开展,也可以单独指导实践;可以在学校内开展,也可以在学校外开展;可以根据不同的专业、班级、主题开展实践活动,也可以通过主题教育、讲座、学习交流等形式开展实践教育。

四是教育性。实践育人内容丰富多样,能够提高大学生的综合素质。大学生在学习理论知识之后,将理论知识运用到实践活动中,实践活动可以加深大学生对社会的认识,提高大学生发现问题、解决问题的能力,教育引导大学生形成良好的政治素质、道德品质、价值观念。

五是开放性。实践育人作为一个动态过程,自身具有开放性的特征。实践活动的设计、组织、实施等过程中都要坚持动态开放,要随着大学生的特点、环境、需求的变化而变化。实践育人是一种协同育人体系,鼓励社会力量参与到实践活动中,强化学校教育和社会教育的联系,坚持走出去,走出课堂、走进社会,实现教育时间、空间的开放。

(三)实践育人的活动形式

根据《关于进一步加强高校实践育人工作的若干意见》,实践教学、军事训练、社会实践活动是实践育人的主要形式。《高校思想政治工作质量提升工程实施纲要》强调扎实推动实践育人,要"丰富实践内容,创新实践形式,广泛开展社会调查、生产劳动、社会公益、志愿服务、科技发明、勤工助学等社会实践活动"。实践活动作为一种育人途径,内容丰富、形式多样。

1. 课程教学实践活动

课程教学实践活动是与大学生思想政治理论课学习和专业知识学习相关的各种实践活动,采用理论学习和教学实践结合的方式,是教学工作的重要组成部分，是巩固大学生理论知识的有效手段。《关于进一步加强高校实践育人工作的若干意见》指出，高职高专类专业实践教学不少于总学分（学时）的 50%①，足见实践教学环节的重要性。思想政治理论课是高职院校开展思想政治教育的主要途径，高职院校不仅要关注学生马克思主义理论知识的学习，还要注重培养学生运用马克思主义解决实际问题的能力，因此在课程教学中设置实践环节十分必要。思想政治理论课通过设置课堂讨论、辩论、参观访问等形式多样的实践教学活动，走出课堂、走出学校，将课程内容真正融入学生的学习生活，调动学生参与热情。专业课程通过开展校内校外专业实习实训，强化学生对专业知识的掌握与应用，积累实际操作经验，提高专业技能。

2. 社会服务实践活动

社会服务实践活动具有社会性、志愿性、公益性等特征，是不以获利为目的、服务社会、奉献他人的社会实践活动，能够增强大学生的社会责任感。自 1997 年开始正式实施的"三下乡"社会实践活动，充分发挥大学生理论知识优势。大学生深入基层社区、企业、学校开展理论宣讲、支农支教、医疗服务等实践活动，在社会实践活动中宣传党的理论政策，传播科学文化知识，加深了大学生与人民群众的联系，提高了大学生的综合素质。自 2002 年开始的科教、文体、法律、卫生"四进社区"活动（科教进社区，提高人民生活质量；文体进社区，传播先进文化；法律进社区，提高人们法治意识；卫生进社区，倡导健康生活）是"三下乡"社会实践活动的延伸，以满足人民群众不断增长的精神文化需求。志愿服务活动是贴近大学生实际的综合性社会实践活动，是强化大学生社会责任感、奉献精神、服务意识的重要载体。1993 年底，共青团中央开始实施中国青年志愿者行动，越来越多的大学生加入了志愿服务活动，并发挥了积极的作用，不仅为

---

① 教育部等部门关于进一步加强高校实践育人工作的若干意见[EB/OL].（2012-02-03）[2023-04-22]. http：//www. moe. cn/srcsite/A12/moe_1407/s6870/201201/t20120110_142870. html.

社会作出贡献，也在实践锻炼中认识了国情、了解了社会、增长了才干。

3. 社会考察实践活动

社会考察实践活动是以参观学习、体验教学、调查研究为主要形式的实践活动。依托爱国主义教育基地、革命老区等开展实践教育活动，能够深化爱国主义教育，激发大学生爱国热情、弘扬革命精神，实现思想政治教育的创新发展。组织大学生到行业企业参观调研，能够提升大学生对专业更直观的认识，增强学习动力；组织大学生开展社会调查，能够丰富大学生的课余生活，提高实践动手能力；组织大学生开展国情、民情调查，能够引导大学生开阔视野，了解社会，融入社会，提高认识、分析、解决问题的能力。

4. 劳动教育实践活动

2020年中共中央国务院颁布的《关于全面加强新时代大中小学劳动教育的意见》指出："劳动教育是国民教育体系的重要内容，是学生成长的必要途径，具有树德、增智、强体、育美的综合育人价值。"[1]高职院校要引导大学生参与劳动教育实践活动，培养积极的劳动精神面貌、树立正确的劳动价值取向，提高劳动技能水平。学校要通过设置劳动教育课程，将理论知识与实践活动相结合，培养学生劳动意识，增长劳动技能。学校要通过提供勤工助学岗位，包括助教助管、生产实践、自我服务等形式，帮助大学生在实践活动中接触新事物，解决新问题。专业实习或毕业实习是高职院校人才培养的教学要求，大学生通过实习实践活动不仅能够获得劳动知识和专业技能，而且能够强化感性认识，培养实际动手能力，增强热爱劳动、遵规守纪的意识。

---

[1] 中共中央 国务院关于全面加强新时代大中小学劳动教育的意见[EB/OL].（2020-03-20）[2023-04-23]. http://www.moe.gov.cn/jyb_xxgk/moe_1777/ moe_1778/202003/t20200326_435127.html.

5. 校园文化实践活动

校园文化实践是指在学校的指导和支持下，由各类学生团体自主策划、宣传、组织和开展的，以校园为舞台，以学生的发展需求为导向，在课外时间进行的，旨在促进学生全面发展的一系列活动和过程的总和。高职院校应根据学生特点、教育主题，开展文艺晚会、演讲比赛、寝室文化建设等活动，满足大学生多方面的兴趣爱好，促进大学生全面发展；开展形式多样化的学生社团活动，丰富大学生业余生活，提高大学生自我管理、服务等能力；为大学生提供必要的活动场所，设置专门服务岗位，帮助大学生在获得劳动报酬的同时，培养大学生的劳动观念，提高经营管理能力。

6. 其他类型实践活动

一是大学生军事训练活动。大学生军训一般安排在新生入学时，已成为大学生的必修课。参加军训是大学生参与国防建设、接受国防教育的重要途径。学校通过开展军训，有利于培养大学生艰苦奋斗的作风，吃苦耐劳的精神，提升集体荣誉感、团队意识、纪律观念等。二是大学生创业实践活动。学校开设的就业指导课、就业知识竞赛、创业计划大赛等实践活动，有利于大学生培养创新意识，关注和思考就业创业。三是新兴的虚拟实践活动。这是"一种在虚拟、模态和仿真环境下，有目的引导大学生进行自主探索体验、相互交流沟通、自我教育管理的新型社会实践活动形式"[①]，能够充分发挥大学生的创造力和主动性，拓展实践育人的途径。

二、高职院校实践育人的作用

实践育人是高校思想政治教育工作的重要环节，是"十大"育人体系的重要组成部分，是理论教育的延伸，能够充分调动大学生的积极性和主动性，在高职院校人才培养中有着重要的作用和功能。

---

① 胡树祥，吴满意. 大学生社会实践教育理论与方法[M]. 北京：人民出版社，2010：283.

1. 提升学生思想政治素质

在经济全球化的背景下，国际国内形势复杂多变，将思想政治教育内容融入社会实践活动、学生日常学习生活，有助于引发学生的情感共鸣，提升思想政治素质和道德修养。学校开设的"毛泽东思想和中国特色社会主义理论体系概论""思想道德与法治""形势与政策"等思政课程，通过采用理论教学和课程实践相结合的模式，增强学生的学习兴趣。学校通过开展暑期"三下乡"社会实践活动、劳动实践活动、军事训练等，鼓励学生深入基层，认清自己的社会责任和历史使命。

2. 促进学生身心健康

大学生正处于身心发展的重要阶段，身心健康是大学生成长成才、实现理想价值的重要保障。实践活动具有开放性，高职院校大学生通过参与志愿服务、参观考察、劳动实践等实践活动，实现互动交流并获取知识，让学习形式从静态变为动态，不断总结经验，提高自身能力，促进身心健康。同时，大学阶段是大学生人格发展的重要时期，人格健全是身心健康的保证。高职院校大学生通过参与各项实践活动，能够强化优秀的性格特征，塑造健康、完整的人格。

3. 增强学生综合素质

实践活动具有综合性的特征，大学生能够在现实生活中认识和掌握政治、道德、科学等领域的知识，并将理论与实际相结合，加深对知识的理解，拓宽知识面。高职院校大学生可以在实践活动中了解社会，参与社会生活，学会为人处世方法及原则，提升人际关系处理能力。高职院校大学生可以通过参与实践活动，学会积极面对挫折与困难，积累经验，磨炼心智，提升自己的判断力、执行力和社会适应能力。高职院校大学生可以通过参与实践活动，培养创新思维、创新意识、创新精神和创新能力。实践活动为高职院校大学生提供了一个深入了解国情民情和经济社会发展现实状况的平台，强化了高职院校大学生的亲身感知，有助于激发高职院校大学生的责任感和使命感,使其在潜移默化中实现由自然人向社会人的转变。

三、高职院校实践育人面临的挑战与机遇

当前教育改革全面推进,实践育人环境日益复杂,社会对教育的要求也越来越高,这为高职院校实践育人的发展带来了新的挑战与机遇。充分认识高职院校实践育人的现状,理解把握实践育人所面临的挑战和机遇,是加强和改进实践育人工作,提高育人质量的必然要求。

(一)高职院校实践育人面临的挑战

1. 多元化价值观带来的挑战

国际形势出现新的历史特点,合作中竞争,竞争中谋求发展已成为常态。在全球化和市场机制的驱使下,人们的价值观念越发多元化,需要在各种意识形态、文化的碰撞与交融中做出价值选择。高职院校大学生的理想信念和思想意识受到了不同程度的影响,而且这种影响是无法完全避免且长期存在的,这给社会主流价值观带来了冲击。面对多元价值观带来的挑战,高职院校必须牢牢把握话语权和主导权,坚定正确的政治立场,制定应对策略,唱好育人主旋律,引导高职院校大学生树立正确的价值观念,确保实践育人的地位不动摇。

2. 大学生自身特点带来的挑战

"00后"学生走进大学校园,如何客观分析和看待"00后"高职院校大学生的特点,是当前高职院校实践育人要思考的问题。一是当代高职院校大学生绝大多数是独生子女,生活条件比较优越,受社会、家庭等多种因素影响,自我意识强,在学习、生活、心理、就业等方面存在一定的困难。二是高职院校大学生具有强烈的自我意识,更愿意自己选择生活学习状态,在与人沟通上,更倾向于与自己的朋友交流,较少与父母家人沟通;在处理人际关系上,虽然会寻找趣味相投的朋友,但是面对人际关系问题

时，他们中的大多数需要中间人参与解决；在面对学习时，虽然有主动学习的时候，但大多是在面对考试、毕业时被动参与；在面对就业时，多以兴趣爱好为标准，就业意识和就业观念有待增强。

3. 认识不足带来的挑战

首先，高职院校对实践育人的认识存在偏差。部分学校将学生的学习成绩看作是衡量人才培养质量的首要指标，认为学生思想政治教育仅仅依靠思政课程进行，没有充分意识到实践教学的重要意义，学生品格的培养和实践能力提升成为教育的薄弱环节。其次，社会对实践育人的认识存在偏差。社会是开展大学生实践教育的广阔平台，目前企业、社会组织等参与高职院校大学生实践活动的积极性不高，实践活动流于形式，不利于高职院校大学生通过实践提高工作能力和职业素养。最后，高职院校大学生自身对实践育人的认识不足，部分学生受应试教育的影响，不了解思想政治教育的重要性，不能正确认识社会需求，往往根据评奖评优等要求被动参与实践活动，态度不端正，行动不积极，功利心较强。

（二）高职院校实践育人面临的机遇

1. 政策大力支持

党和国家历来高度重视实践育人工作，改革开放以来，实践育人工作政策的制定也随着经济社会的发展不断演进。《关于广泛组织高等学校学生参加社会实践活动的意见》（1987年）、《关于广泛深入持久地开展高等学校学生社会实践活动的意见》（1992年）、《关于进一步加强和改进大学生思想政治教育的意见》（2004年）、《关于进一步加强和改进大学生社会实践的意见》（2005年）、《关于进一步加强高校实践育人工作的若干意见》（2012年）、《关于加强和改进新形势下高校思想政治工作的意见》（2017年）、《高校思想政治工作质量提升工程实施纲要》（2017年）等，对高校实践育人工作的重要性进行了说明，阐释了实践育人的科学内涵，对实践育人工作提出了明确要求。《关于进一步加强高校实践育人工作的若干意见》指出："各高校要坚持把社会主义核心价值体系融入实践育人工作全过程，把实践育人工作摆在人才培养的重要位置，纳入学校教学计划，系统设计实践育人教育教学体系，规定相应学时学分，合理增加实践课时，确保实践育人工作全面开展。"①《关于加强和改进新形势下高校思想政治工作的意见》指出："要强化社会实践育人，提高实践教学比重，组织师生参加社会实践活动，完善科教融合、校企联合等协同育人模式，加强实践教学基地建设，建立健全国家机关、企事业单位、社会团体接收大学生实习实训制度，开设创新创业教育专门课程，增强军事训练实效，建立健全学雷锋志愿服务制度。"②高职院校要顺应时代变化，抓住实践育人发展机遇，大力推进人才培养质量的提升。

2. 校企合作建立深化

实践育人需要加强校企沟通交流，建立校企合作机制，为大学生实习实训、就业创业创造良好的条件。社会不仅要求人才有科学文化知识，而且对其实践经验、工作能力也有较高要求。企业是大学生实习实训、参与社会实践的主要场所。高职院校通过与企业共建实习实训基地，加强对实践活动的设计和组织，为高职院校大学生提供实习实训机会，让他们在企业实践中获取专业技术知识，锻炼工作意志品质，完善职业人格。校企合作的建立和深化，还能增进高职院校大学生对企业文化的了解，为企业培养、筛选后备人才，增强企业自身竞争力。高职院校要紧扣时代脉搏，探寻深化校企合作的新形式新方法，构建校企协同育人模式，推进实践育人工作向企业、社会延伸，共同培养社会发展所需要的人才。

---

① 教育部等部门关于进一步加强高校实践育人工作的若干意见[EB/OL]. （2012-02-03）[2023-04-24]. http：//www. moe. gov. cn/srcsite/A12/moe_1407/s6870/201201/t20120110_142870. html.
② 中共中央 国务院印发《关于加强和改进新形势下高校思想政治工作的意见》[EB/OL]. （2017-02-27）[2023-04-24]. http：//www. gov. cn/xinwen/2017-02/27/content_5182502. htm.

四、高职院校实践育人长效机制的构建原则与内容

高职院校对学生的培养侧重于职业化和专业化,更重视学生实践能力和行为习惯教育的培养,高职院校要把握经济社会发展新动向、新态势,把握学生成长新特点、新要求,构建实践育人长效机制。

(一)高职院校育实践育人长效机制构建的原则

原则是实践育人工作中分析问题、解决问题依据的基本准则,能提供正确的方向指导。高职院校实践育人是一个长期的系统工程,构建实践育人长效机制要遵循必要的原则。

一是方向性原则。实践育人工作必须以立德树人为根本,立足于高职院校大学生成长规律,着力培养社会主义建设者和接班人,这是教育事业发展的根本要求。高职院校应立足职业教育的特点,注重实践教育,提升人才培养质量。

二是时代性原则。实践育人工作要与时俱进,契合新形势新要求,才能保持吸引力,取得实效性。高职院校要借鉴先进管理手段,在新形势下根据现实环境变化,适时改进完善实践育人工作机制,紧跟时代步伐,促进实践育人工作全面、协调、可持续发展。

三是科学性原则。高职院校要从客观出发,基于客观规律,以科学理论作为指导,运用科学的思维方法,遵循科学决策程序,分析总结经验教训,探索实践育人运行规律来开展实践育人工作。

四是协同性原则。高职院校要协同校内校外、课内课外的实践活动,协同各方优势资源,将政府、企事业单位、其他社会团体引入实践育人活动,发挥学校企业社会的合作优势,共同推进实践育人长效机制的构建。

(二)高职院校实践育人长效机制构建的内容

1. 组织管理机制的构建

科学有效的组织管理机制,可以实现资源的优化配置,保证实践育人

的正常运行。首先，成立由学校各职能部门相关工作人员构成的工作小组，统一领导，结构完善，秉承上下一致的工作原则，有效指导学校实践育人工作开展。其次，构建"学校—二级学院—辅导员"三级实践育人工作体制，共同推动实践育人工作的开展：学校层面要做好宏观指导，明确实践育人工作方向；二级学院起着联系上下的桥梁纽带作用，是实践育人工作的主要承接者；辅导员是高职院校大学生思想政治教育基层工作者，是实践育人工作的具体落实者。

教务处、学生处、团委、党委宣传部、马克思主义学院等是组织、实施、协调开展实践育人工作的主体。教务处通过设定教学目标、教学计划、培养方式等教学事务管理工作，安排学生实习实训，践行教学实践育人。学生处是承担高职院校大学生思想政治教育的主要职能部门，通过高职院校大学生的日常事务管理，设计具体的实践育人工作项目。团委是负责学校共青团工作的职能部门，对于组织和号召高职院校大学生具有天然的优势，负责开展暑期"三下乡"社会实践活动及其他文体活动。党委宣传部在实践育人工作中有信息收集报送的职责，能够集合宣传资源，借助宣传媒体，积极宣传实践育人成果。马克思主义学院作为思想政治理论课的教学部门，要充分发挥学科优势，将理论教学与实践教学相结合，积极引导高职院校大学生参与实践活动。

2. 协同育人机制的构建

实践育人是一项长期系统工程，要充分发挥学校主导作用、社会协同作用、学生主体作用，形成育人合力，实现工作联动，构建协同育人体系。首先，高职院校要协同各部门工作联动，细化工作任务，明确各部门工作职责，搭建工作信息交流平台，有效保证各方信息的交流传递，有序推进实践育人工作。其次，高职院校要整合校内和校外各方力量资源，将企业事业单位、社会组织等校外育人资源转化为实践育人的教育教学资源、实习实训资源、勤工助学资源，实现资源共享，为提高实践育人工作实效性提供有效保障。最后，高职院校要落实全员育人要求，形成全员参与实践育人工作合力。教师是教育发展的第一资源，学校要充分发挥教师的主导作用，鼓励教师参与实践育人工作。辅导员和班主任是高职院校大学生实践育人的组织者和实施者，要发挥辅导员和班主任的教育引导作用，通过开展主题教育、社会实践活动等，增进与高职院校大学生的情感，引导高职院校大学生自觉参与实践活动。学校还要发挥其他教职工、家长、校友等群体的作用，通过完善沟通交流机制，鼓励社会力量在课外、校外开展实践活动。

3. 运行保障机制的构建

实践育人工作的有效运行离不开强有力的制度、资金、人员保障。首先，制定科学合理的管理制度，完善各种规章制度，是高职院校实践育人工作的前提条件。学校建立正确的激励机制，增强教育主客体参与的积极性、主动性、创造性，激励载体要多元化，既要有物质上的激励措施，也要有精神上的激励措施，激励政策要具体问题具体分析，坚持激励与惩罚相结合。其次，保证充足的经费支持是高职院校实践育人工作的重要基础，实践育人工作经费主要来源于国家财政和社会力量筹集，学校要设置专门实践育人经费，统筹安排经费投入，专款专用，将经费用到刀刃上，保证实践育人工作的顺利进行。再次，培养一支高素质的实践育人工作队伍是高职院校实践育人工作的重中之重。学校要选拔、管理、使用好实践育人工作队伍，严格选拔专业技术人员组建工作队伍，强化工作队伍的培养和教育，提升实践育人工作队伍的专业化、科学化。最后，建立稳定的实践教育基地是高职院校实践育人工作的重要保障。学校要积极整合优势资源，通过校企合作、校地共建等方式建立稳定长效、主体多元、形式多样的实践育人基地，保障实践育人工作的顺利开展。

4. 评价反馈机制的构建

科学合理的评价反馈机制是促进实践育人的重要手段，高职院校要构建不同实践育人主体层面的评价反馈机制。首先是学生层面的评价反馈。高职院校大学生是高职院校实践育人活动的直接对象，构建包括思想政治素质、实践能力、创新能力等内容的评价体系，突出培养高职院校大学生的服务意识、责任意识、创新意识，强化高职院校大学生的综合素质评价；同时提高评价反馈信息的及时性和准确性，适时调整实践活动。其次是教师层面的评价反馈。教师在实践育人工作中处于主导地位，构建包括工作态度、工作方式、工作成效等内容的评价体系，通过评价反馈有助于教师优化实践活动的指导方案，促进实践育人效果的提升。最后是学校层面的评价反馈。实践育人工作是高职院校教学质量的重要指标，将实践育人工作纳入人才培养整体框架进行评价，明确学校办学思想与育人理念；将实践教育课程纳入人才培养方案进行评价，明确学校实践育人工作的落实情况，通过评价反馈促进学校实践育人工作内涵式发展。

五、小结

"读万卷书行万里路"，实践教学是课堂教育的延伸，是对理论教学的有效补充，实践育人是思想政治教育工作的一个重要环节，也是新时代开展大学生思想政治教育的重要方法。高职院校要高度重视实践育人工作，通过课堂教学实践、社会服务实践、社会考察实践、劳动教育实践、校园文化实践等形式，积极探索实践育人新路径、新方法，推进人才培养质量提升，实现实践育人新发展。

六、实践分享——二级学院专业化志愿服务项目

《关于推进青年志愿服务工作改革发展的意见》明确提出，要进一步推动青年志愿服务专业化的发展，深度践行"奉献、友爱、互助、进步"的志愿者精神。高校志愿服务专业化建设已经成为大学生志愿服务的发展方向与趋势，重庆城市管理职业学院商学院深入学习大学生专业化志愿服务与育人工作的联系，致力开展特色鲜明的专业化志愿服务项目。

1. "直播带货助力乡村振兴"志愿服务项目

"直播带货助力乡村振兴"志愿服务项目由电子商务、市场营销专业师生组成志愿服务队伍，依托新媒体平台，助力乡村振兴，创新就业和助农工作形式。2020年6月，"直播助农"志愿服务团队受共青团巫山县委邀请，赴巫山县开展"村播"带货活动，活动通过抖音和快手同步推广，每场直播吸引观众1 000余名，三天累计直播观看量达5 000余人次，四场直播产品销售金额达44 940.08元。2020年7月，"直播助农"志愿服务团队开展直播带货技能大比拼，助力学校对口扶贫单位云阳县泥溪镇，打通农特产品销路，助农增收。

2. "消费安全"志愿服务项目

"消费安全"志愿服务项目结合市场营销等专业实践活动，根据学校周边社区农转非居民和外来务工人员较多的特点，从"消费维权""消费品安全选购常识""食品安全""儿童用品安全""防传销""网络消费安全""汽车维修保养"等知识入手，开展消费安全知识宣传，增强社区居民消费维权意识，提升社区经营者的法律意识和责任意识。该项目自启动以来开展活动30余次，获学校志愿服务项目大赛一等奖。

3. "儿童英语角"志愿服务项目

"儿童英语角"志愿服务项目是由商务英语专业党支部、商务英语教研室和学院团总支共同打造。该项目主要针对学校教职工3～6岁子女，开展听英语故事、学英语儿歌和做英语游戏等活动，让孩子们在玩耍中感知英语，提升英语学习兴趣。该志愿服务项目同时走进学校周边社区，开展"农民工子女义务英语家教""一对一帮扶爱心家教"等活动，服务于民的同时，培养学生志愿者的服务意识。

第四章

文化育人：高职院校红色文化教育有效路径探析

文化是民族生存和发展的重要力量，更是凝聚民族精神的纽带。党的十九大报告指出："文化是一个国家、一个民族的灵魂。文化兴国运兴，文化强民族强。没有高度的文化自信，没有文化的繁荣兴盛，就没有中华民族的伟大复兴。"[1]文化自信是一个民族、一个国家以及一个政党对自身文化价值的充分肯定和积极践行，并对其文化的生命力持有的坚定信心。《中华人民共和国国民经济和社会发展第十四个五年规划和 2035 年远景目标纲要》明确提出，要"围绕举旗帜、聚民心、育新人、兴文化、展形象的使命任务，促进满足人民文化需求和增强人民精神力量相统一"[2]。党的十九届六中全会通过的《中共中央关于党的百年奋斗重大成就和历史经验的决议》强调："推动中华优秀传统文化创造性转化、创新性发展。"[3]党的二十大报告提出："推进文化自信自强，铸就社会主义文化新辉煌。"[4]我国文化建设的内涵不断丰富，要求不断深化。

新时代的高职院校大学生成长在一个开放的时代，面临的国内外形势更为复杂。这又是一个伟大的时代，我们比历史上任何时期都更接近中华民族伟大复兴的目标。党的十九大报告提出了"培养担当民族复兴大任的时代新人"[5]的战略任务，党的二十大报告强调"培养造就大批德才兼备

---

① 习近平. 决胜全面建成小康社会 夺取新时代中国特色社会主义伟大胜利——在中国共产党第十九次全国代表大会上的报告[EB/OL].（2017-10-27）[2023-04-26]. http：//www. gov. cn/zhuanti/2017/10/27/content_5234876. htm.
② 中华人民共和国国民经济和社会发展第十四个五年规划和 2035 年远景目标纲要全文发布[EB/OL].（2021-03-13）[2023-04-26]. http：//news. youth. cn/gn/202103/t20210313_12766838. htm.
③ 中共中央关于党的百年奋斗重大成就和历史经验的决议[EB/OL].（2021-11-16）[2023-04-26]. http：//www. gov. cn/zhengce/2021-11/16/content 5651269. htm.
④ 习近平. 高举中国特色社会主义伟大旗帜 为全面建设社会主义现代化国家而团结奋斗——在中国共产党第二十次全国代表大会上的报告[N]. 人民日报，2022-10-26（1）.
⑤ 习近平. 决胜全面建成小康社会 夺取新时代中国特色社会主义伟大胜利——在中国共产党第十九次全国代表大会上的报告[EB/OL].（2017-10-27）[2023-04-26]. http：//www. gov. cn/zhuanti/2017/10/27/content_5234876. htm.

的高素质人才,是国家和民族长远发展大计"①。红色文化继承了中华民族的优良传统、融合了马克思主义经典理论,内含着民族志向、民族品格、民族精神,是中国共产党和中国人民在长期革命斗争中凝成的宝贵的精神财富。将红色文化融入思想政治教育既是传承和弘扬中华优秀传统文化的必然要求,也是实现立德树人根本任务的重要举措,有利于培养高职院校大学生的情感认同和行为习惯,实现"润物细无声"的滋养作用。

一、红色文化及其思想政治教育价值

(一)红色文化的内涵

余秋雨认为:"文化是一种成为习惯的精神价值和生活方式,它的最终成果是集体人格。"②红色文化是指中国共产党领导全国各族人民在新民主主义革命和社会主义建设实践过程中创造、积累的先进文化。红色文化可通过人、物、事、魂来诠释,"人"即革命先烈、仁人志士及时代楷模等,"物"包括红色旧迹遗址、革命志士的物品及文献资料等,"事"包括重要的历史事件或革命活动等,"魂"包括革命理想、革命精神或优良作风等。红色文化虽是特定历史时期的产物,但中国共产党为中国人民谋幸福,为中华民族谋复兴的初心和使命,中国人民坚定信念、实事求是、艰苦奋斗、甘于奉献的革命精神永不过时。习近平总书记强调,要"让信仰之火熊熊不息,让红色基因融入血脉,让红色精神激发力量"③。

党的十八大以来,习近平总书记多次强调要把红色基因传承好。2013年2月,习近平总书记在兰州军区视察时首提"红色基因"一词,强调"要

---

① 习近平. 高举中国特色社会主义伟大旗帜 为全面建设社会主义现代化国家而团结奋斗——在中国共产党第二十次全国代表大会上的报告[N]. 人民日报,2022-10-26(1).
② 余秋雨. 中国文化课[M]. 北京:中国青年出版社,2019:20.
③ 清明忆先烈 习近平这样传承"红色基因"[EB/OL].(2018-04-05)[2023-04-26]. http://www.chinadaily.com.cn/interface/toutiaonew/53002523/2018-04-05/cd35981787.html.

发扬红色文化资源优势，深入进行党史、军史和优良传统教育，把红色基因一代代传下去"①。2014年4月，习近平总书记在参观新疆军区某红军师史馆时提出，"要把红色基因融入官兵血脉，让红色基因代代相传"②。2016年2月，习近平总书记在瞻仰井冈山革命烈士陵园时指出："回想过去那段峥嵘岁月，我们要向革命先烈表示崇高的敬意，我们永远怀念他们、牢记他们，传承好他们的红色基因。"③2018年6月，中央军委印发《传承红色基因实施纲要》，为传承红色基因提供指导。

（二）红色文化的特点

（1）强烈的政治性。红色文化最根本的特征是"红色"，红色在东方被赋予了浓厚的政治色彩，《现代汉语词典》对"红色"的政治寓意进行了诠释：属性词，象征革命或政治觉悟高的。红色文化以马克思主义为指导，始终站在无产阶级的立场上，彰显了中国共产党人的精神气质，这是其政治性最集中的体现。习近平总书记在看望参加政协会议的文艺界社科界委员时说，"共和国是红色的，不能淡化这个颜色"④，凸显了"红色"这一中国共产党人的政治标识。

（2）时代的先进性。红色文化有一个形成、发展的过程，是一种革命文化、中华优秀传统文化与中国特定地域文化三者同时存在、不断发展、互动融合的新文化。红色文化以马克思主义为指导，与中国革命和建设实践相结合，具有时代性、先进性。

---

① 习近平治军3年,军队血脉承载红色基因[EB/OL].（2016-01-13)[2023-04-27]. http://politics.people.com.cn/n1/2016/0113/c1001-28049477.html.
② 习近平视察新疆军区某红军师时说：要让红色基因代代相传[EB/OL].（2014-04-30)[2023-04-27]. http://www.gov.cn/govweb/xinwen/2014-04/30/content_2669040.htm.
③ 乐其. 让红色基因代代相传[EB/OL].（2018-12-27）[2023-04-27]. http://dangshi.people.com.cn/n1/2018/1227/c85037-30490076.html.
④ 尊崇英烈 重温习近平的"红色足迹"[EB/OL].（2019-10-06）[2023-04-27]. https://baijiahao.baidu.com/s?id=1646604307190231975&wfr=spider&for=pc.

（3）鲜明的民族性。红色文化是在对中华优秀传统文化进行创造性转化和创新性发展基础上形成的先进文化，承载了中国共产党坚持真理、加强自身建设、坚持自我完善的成长历程，是社会主义先进文化的重要组成部分，具有鲜明的中国特色和民族风格。红色文化根植于中华优秀传统文化，同时又是对中华优秀传统文化的继承、丰富与发展，具有鲜明的民族性。

（三）红色文化的思想政治教育价值

大学阶段是人生的"拔节孕穗期"，需要精心引导和栽培，全社会都要担负起大学生成长成才的责任。红色文化是中国共产党带领中国人民在革命、建设和改革的实践中积淀形成的先进文化，它清晰地告诉我们今天的中国从何处来，又将往何处去。传承红色文化对大学生扣好人生第一颗扣子，立志成为合格的社会主义建设者和接班人具有重要的思想政治教育价值。

1. 红色文化是坚定理想信念的力量源泉

理想信念是指引大学生成长成才的路标，习近平总书记将其比喻为精神之"钙"。培养具有远大理想和坚定信念的合格人才是思想政治教育的核心任务。红色文化真实地记录了中国共产党领导中国人民为实现民族独立、人民解放而奋斗的历史，是一部共产党人不忘初心、牢记使命的"活"教材，与新时代的精神追求与价值观念相契合。

红色文化见证了"没有共产党就没有新中国"的历史。近代中国积贫积弱、受人欺凌，无数革命志士为拯救国家和民族进行了长期的探索和斗争，代表着中国最广大人民根本利益的中国共产党承担起领导中国革命的历史责任，历经28年的浴血奋战取得了新民主主义革命的胜利，实现了民族独立和人民解放，建立了中华人民共和国。红色文化昭示了"只有社会主义才能救中国"的真谛。社会主义制度的建立实现了中国历史上最深刻的社会变革，中华人民共和国在实现民族复兴的道路上快速前行，迎来了从站起来、富起来到强起来的伟大飞跃。美国学者费正清说，中国共产党过去创造了"革命的世界奇迹"，今天又创造了"发展的世界奇迹"[①]。红色文化能够引领大学生解读革命历史，传承红色精神，将个人理想与追求融入党和国家的事业中，为党、为祖国、为人民多做贡献。

2. 红色文化是激发爱国热情的核心内容

"天下兴亡、匹夫有责"，爱国主义是民族精神的核心。激发爱国热情，弘扬民族精神与时代精神，是大学生树立民族自信心和自尊心的重要手段。

文化是一个民族的灵魂，红色文化提炼和凝聚了中国共产党的革命精神。中国革命历程中形成的伟大建党精神、井冈山精神、长征精神、延安精神等，是红色文化的精髓。中国特色社会主义新时代形成的脱贫攻坚精神、抗疫精神等，是红色文化的传承与发扬。英雄是一个民族的脊梁，红色文化折射着中华儿女对祖国最深沉的热爱。从抗日英雄到中华人民共和国建设模范的感人事迹，都饱含着中华儿女对这片土地的深情与强烈的历史责任感。红色文化能够激发大学生的爱国热情，引导大学生读中国故事、传中国精神，厚植爱国主义情怀，把爱国情、强国志、报国行自觉融入伟大的全面建设社会主义现代化国家之中。

3. 红色文化是增强文化自信的根本底气

习近平总书记在党的十九大报告中指出："没有高度的文化自信，没有文化的繁荣兴盛，就没有中华民族伟大复兴。"[②]红色文化根植于中华优秀传统文化、形成于中国革命的伟大实践中，因其鲜明的精神特质而具有强大的生命力。

---

① 为人类和平与发展的崇高事业而共同奋斗——中国共产党的世界眼光[EB/OL].（2021-06-28）[2023-04-26]. http://dangjian.people.com.cn/n1/2021/0628/c117092-32142142.html.
② 习近平. 决胜全面建成小康社会 夺取新时代中国特色社会主义伟大胜利——在中国共产党第十九次全国代表大会上的报告[M]. 北京：人民出版社，2017：41.

红色文化与中华优秀传统文化一脉相承,具有时代性与先进性。习近平总书记在庆祝中国共产党成立 95 周年大会上强调:"在 5 000 多年文明发展中孕育的中华优秀传统文化,在党和人民伟大斗争中孕育的革命文化和社会主义先进文化,积淀着中华民族最深层的精神追求,代表着中华民族独特的精神标识。"[①]中华优秀传统文化是中华民族的精神命脉,红色文化代表了中国共产党领导中国人民争取民族独立、人民解放及民族复兴的精神追求、精神品格与精神力量。红色文化是马克思主义与中国具体实际相结合的产物,具有包容性与开放性。毛泽东指出:"自从中国人学会了马克思列宁主义以后,中国人在精神上就由被动转入主动。……这种中国人民的文化,就其精神方面来说,已经超过了整个资本主义的世界。"[②]引导大学生学习先进思想,传承红色文化,可以使大学生有足够的底气、资格与理由坚定中国特色社会主义文化自信。

二、高职院校红色文化教育面临的挑战

1. 教育形式单一

红色文化作为我国特有的优秀文化形态,具有很高的传承价值。目前,部分高职院校已自觉将红色文化融入大学生思想政治教育,但没有灵活开展红色文化教育,没有很好地把握文化传播的规律,与大学生的文化需求相去甚远。当今社会已步入新媒体时代,红色文化教育可以充分发挥网络媒体的信息传递优势,使其融入学生的日常学习生活。一是借助多媒体手段将红色文化渗入校园文化建设,既可以提高校园文化的感染力,又可以增强红色文化的渲染力,改进教育方式和内容的同时也提高了教育效果。二是让学生参与到校园文化建设中来,让他们主动学习红色文化,并以年轻人喜闻乐见的方式展现出来,从而对红色文化产生发自内心的认同感。

---

① 习近平. 在庆祝中国共产党成立 95 周年大会上的讲话[M]. 北京:人民出版社,2016:13.
② 毛泽东. 毛泽东选集:第四卷[M]. 北京:人民出版社,1991:1516.

2. 传授内容单调

高职院校要将红色文化融入思想政治教育，课堂教学是主渠道。目前，部分高职院校红色文化教育存在一定的"拿来主义"倾向，即将红色文化资源直接运用于思想政治理论课堂，忽视了红色文化形成的社会历史背景与大学生学习生活之间的距离，导致教学内容空洞乏味。一是有形式无内容。教师的课堂讲授未将红色文化充分融入思想政治理论框架，往往流于形式，应付了事，缺乏对红色文化的深入阐述及分析，致使思想政治教育与红色文化的融合效果不佳。二是有学习无体会。在课堂教学过程中，学校虽然将红色文化列入教学范畴，但更多的还是教师在讲台上讲，学生在讲台下听的灌输式教学，缺乏系统分析与深入思考，从而缺乏对红色文化的深层次理解，更无法从内心产生共鸣，最终使得红色文化教育流于形式。

3. 认同感不强

目前，部分高职院校已将红色文化融入校园文化建设，引入思想政治理论课堂及社会实践活动，但教育的实际效果并不理想。一是高职院校大学生更多的是被动接受红色文化教育，缺乏学习的主动性，学习的功利思想导致学生对红色文化的理解浮于表面。二是高职院校大学生虽然在形式上参加红色文化活动或接受红色文化教育，但他们受年龄、阅历等因素的影响，对红色文化仅停留在简单的感知层面，缺乏准确的判断，缺乏选择取舍的能力，对红色文化的认同感和获得感不强。甚至部分学生并不认同红色文化的价值理念，认为红色文化已经没有市场，艰苦奋斗已经过时。

4. 重视度不同

不同高职院校对红色文化融入思想政治教育的重视程度存在差别：一是部分高职院校的学生接触到的与红色文化有关的课程较少，校园媒体对红色文化的宣传也较少，教师和学生主动接受红色文化教育的意识都比较淡薄。二是部分高职院校虽然通过讲红色故事、看红色电影、开展红色文化知识竞赛或辩论赛等校园文化活动，将红色文化融入思想政治教育，但是活动的覆盖面较窄,受众主要集中于学生干部、学生社团成员及入团积极分子、入党积极分子等。

三、高职院校红色文化教育的有效路径

文化是一个国家、一个民族的灵魂。中国特色社会主义进入了新时代,在新时代,我们要推动中华优秀传统文化创造性转化、创造性发展,继承革命文化,发展社会主义先进文化,不忘本来、吸收外来、面向未来,更好地构筑中国精神、中国价值、中国力量,为人民提供精神指引。红色文化蕴含的内容都是人民群众普遍接受的,要将其融入高职院校大学生思想政治教育,让历史故事与历史人物都"活"起来,利用真情去感染人、真实去打动人,使红色文化发挥时代的感染力与号召力。

1. 将红色文化融入课程建设,实现思想政治教育的目的

习近平总书记在全国教育大会上指出:"培养什么人,是教育的首要问题。"[1]立德树人不仅是教育的根本任务,也是教育的初心与使命,因此,高职院校必须要把思想政治工作贯穿教育教学全过程和各环节。红色文化思想政治教育价值的发挥必须依靠课程建设,尤其是要依靠思想政治理论课的主阵地作用。

首先,将红色文化融入思想政治理论课建设,育人于教学。思想政治理论课是高校落实立德树人根本任务的关键课程。2019年,中共中央办公厅、国务院办公厅印发的《关于深化新时代学校思想政治理论课改革创新的若干意见》提出,要以政治认同、家国情怀、道德修养、法治意识、文化素养为重点,以爱国、爱党、爱社会主义、爱人民、爱集体为主线推进思政课课程内容建设。高职院校要运用红色文化资源丰富思政课教育资源,把"说理"与"陈情"相结合,彰显课程的外在魅力。同时,红色文化不

---

[1] 习近平在全国教育大会上强调 坚持中国特色社会主义教育发展道路 培养德智体美劳全面发展的社会主义建设者和接班人[N]. 人民日报,2018-09-11(1).

仅沉淀在渐行渐远的历史年代之中，也体现在当今中国社会生活的方方面面，高职院校要结合职业道德培养、经济社会发展趋势、中华优秀传统文化等开设选修课程，激发教育者的主导性与受教育者的主体性。

其次，将红色文化融入专业课程的思政建设，育人于无形。所有课程均有育人责任，2020年教育部印发的《高等学校课程思政建设指导纲要》提出，要"系统进行中国特色社会主义和中国梦教育、社会主义核心价值观教育、法治教育、劳动教育、心理健康教育、中华优秀传统文化教育"[①]。红色文化精神力量厚重，将其有机融入公共基础课、专业教育课、实践教学课，与学生的社会理想、个人素养、理论知识、专业技能等有机结合，有利于培养学生正确的价值观、职业观和成才观。

2. 将红色文化融入学习活动，提升思想政治教育的动力

教师与学生是一切教学活动"教"与"学"的主体，将红色文化充分融入学生的学习活动，增强教师的教学意愿，激发学生的学习热情，会使思想政治教育事半功倍。

首先，教师是教学的主导者，其对红色文化的认识，将在很大程度上影响思想政治教育质量。教师通过树立正确的教学心态，明确育人的重要意义，深入学习红色文化，挖掘红色文化与思想政治教育或职业素养培养的契合点，以现实生活为本，构建高职院校思想政治教育课程体系，将具有时代感的正能量内容引入课堂，既可对学生的现实生活有帮助，又为学生所喜闻乐见。其次，学生是教学的对象，发挥学生的学习主动性，多途径丰富课堂教学方式，实现从"灌输式"教学向"探究式"教学的转变，为教学活动注入更多的活力与生命力，有助于提高教学效率。引导学生开展红色文化专题自主学习，不仅能让学生对知识内容有更加深入的理解，而且有利于提高学生自主学习、自主探究的能力。通过小组任务的形式，

---

① 教育部关于印发《高等学校课程思政建设指导纲要》的通知[EB/OL]. （2020-05-28）[2023-04-27]. http://www.gov.cn/zhengce/zhengceku/2020-06/06/content_5517606.html.

引导学生分组合作完成红色文化相关内容的学习任务，不仅增强了学生之间的交流，提高了学生的课堂参与感，同时有助于学生学会团队合作，学习聆听他人的观点想法，多角度思考问题。

3. 将红色文化融入第二课堂，丰富思想政治教育的途径

教育是国之大计、党之大计，习近平总书记在全国教育大会上强调，要"培养德智体美劳全面发展的社会主义建设者和接班人"[①]，第二课堂建设给予大学生更多自主探索的时间，更多兴趣发展的空间，是新时代全面育人的重要阵地。高职院校将红色文化延伸至课堂教学之外的第二课堂，采用教学式、体验式与实践式的教育方式，形式生动活泼，有助于提高思想政治教育的亲和力。

首先，高职院校要将红色文化融入校园文化建设，以"境"育情。通过雕塑建筑、宣传海报、文化标语等形式将红色文化融入校园环境，渲染浓厚的红色校园文化氛围；将大国工匠、劳动模范、行业标兵的先进事迹引入校园文化宣传，帮助学生树立劳动光荣的理念和精益求精的职业精神；鼓励学生组建红色文化社团，利用重要节日、重大历史事件纪念日开展唱红歌、讲红色故事、缅怀英烈等活动，提升校园文化的感染力，在不知不觉间将红色文化内化为高职院校大学生自身的精神动力和价值指引。其次，高职院校要将红色文化融入社会实践，以"行"育情。通过组织高职院校大学生参观革命纪念馆、革命遗址等，在身临其境中触碰历史，将"读万卷书"与"行万里路"相结合，扎根中国大地了解国情民情；鼓励高职院校大学生参加"三下乡"、"返家乡"、志愿服务、劳动教育等社会实践活动，走进社区、走进农村，在服务群众与社会的过程中厚植家国情怀；指导高职院校大学生通过参加专业技能大赛、参与科学研究、技术攻关、创新创业等创新型实践活动，在思考中寻找真知，在自我成长中服务社会。

---

① 习近平在全国教育大会上强调 坚持中国特色社会主义教育发展道路 培养德智体美劳全面发展的社会主义建设者和接班人[N]. 人民日报，2018-09-11（1）.

4. 将红色文化融入互联网建设，延伸思想政治教育的阵地

"Z 世代"（泛指"95 后"）的大学生作为互联网的"原住民"，思维方式和价值理念随互联网而改变，重视创新性与独特性。2017 年，中共中央国务院印发的《关于加强和改进新形势下高校思想政治工作的意见》提出："要加强互联网思想政治工作载体建设，加强学生互动社区、主题教育网站、专业学术网站和'两微一端'建设。"[1]借助网络、自媒体和各类终端创新宣传载体，将线上与线下红色文化教育相结合，使高职院校大学生能够接触到多元化的观点与事物，有助于提高思想政治教育的效果。

首先，创新话语体系与表达方式。高职院校要将政治语言、学术话语与大众话语无缝衔接，灵活运用流行语、网络用语、网络热词等，创作高职院校大学生愿意看、喜欢看的网络文学、微电影、短视频、VLOG、长图海报等融媒体作品，实现红色文化的艺术转换，让故事更加生动具体，让道理更加深入浅出。其次，创新红色文化展现形式。高职院校要运用 VR、游戏和实景体验等新技术创造革命历史的真实场景，突破时空局限，让经过时代洗礼和岁月打磨的红色文化资源都活起来，让参观者同时成为历史的"经历者"。最后，创新红色文化教育载体。高职院校通过完善专题网站、"两微一端"等载体建设，重视哔哩哔哩（B 站）、知乎等新媒体平台，充分发挥各类媒体的宣传作用，营造积极健康的网络氛围；打造"互联网+思政+红色文化"主题交流平台，为师生提供教学互动的新空间，既有利于掌握学生的思想动态，又有利于引导学生主动发现问题、分析问题、思考问题。

5. 将红色文化融入党团建设，巩固思想政治教育的成果

大学生是国家的未来、民族的希望，是社会主义现代化建设的生力军。1919 年爱国大学生掀起的五四运动，拉开了中国新民主主义革命的序幕，

---

[1] 中共中央国务院印发的《关于加强和改进新形势下高校思想政治工作的意见》[EB/OL].（2017-02-27）[2023-04-28]. http：//www. gov. cn/xinwen/2017-02/27/content_5182502. htm.

对于中国共产党的建立与发展发挥了重要作用。在庆祝中国共产党成立100周年大会上，习近平总书记强调："未来属于青年，希望寄予青年。一百年前，一群新青年高举马克思主义思想火炬，在风雨如晦的中国苦苦探寻民族复兴的前途。一百年来，在中国共产党的旗帜下，一代代中国青年把青春奋斗融入党和人民事业，成为实现中华民族伟大复兴的先锋力量。"①用红色文化深化和丰富党团建设，有助于巩固思想政治教育成果。

大学生自小便加入建设社会主义与共产主义的预备队——中国少年先锋队，戴上革命烈士用鲜血染红的红领巾，开始接受新中国成长之艰辛、新生活得来不易的红色熏陶，从而铸就浓浓的爱党与爱国之情。高职院校继续将红色文化融入学校党团建设，有利于思想政治教育成果的巩固。首先，用红色文化领航共青团建设。中国共产主义青年团是中国共产党领导的先进青年的群团组织，是广大青年在实践中学习中国特色社会主义和共产主义的学校，是党的助手和后备军。党旗所指就是团旗所向，将红色文化融入共青团"三会两制一课"及主题教育活动，帮助学生团员思想成长成熟，将优秀的学生吸纳进党组织，为党培养和输送新生力量。其次，用红色文化引领学生党员发展和教育管理服务工作。传承与发扬红色文化是推进和加强学校基层党建工作的重要维度，用红色文化铸就学生党员的坚定信念，同时发挥学生党员模范带头作用与基层党组织的战斗堡垒作用，以点带面、先进带动后进，有利于扩大思想政治教育的影响效果。

6. 将红色文化融入"家""政""社"教育，永葆思想政治教育的活力

根据习近平总书记在全国教育大会上作出的"全社会要担负起大学生成长成才的责任"这一重要指示，高职院校大学生思想政治教育质量的提高，既要依靠学校的主体作用，同时也需要充分发挥家庭的助推作用、政

---

① 习近平. 在庆祝中国共产党成立100周年大会上的讲话[N]. 人民日报，2021-07-02（2）.

府的主导作用和社会的熏陶作用。家庭、学校、政府与社会四方联动共担高职院校大学生的思想政治教育责任。

首先，利用红色文化开展家庭教育，营造良好家风。家庭是人生的第一所学校，父母是孩子的第一任老师，有什么样的家教，就有什么样的人。家庭教育最重要的是品德教育，学校与家庭形成合力，利用红色文化对高职院校大学生进行道德教育引导，让美德在家庭生根。其次，利用地方红色文化资源，传播城市文化。全国各族人民以各种方式参与和支持中国革命与社会主义建设，锻造了地方红色文化，已成为城市生命的一部分。高职院校应充分利用地方红色教育基地与红色旅游景点，生动展现红色文化资源，让高职院校大学生在"游"与"学"的过程中感受家乡的魅力，继承与传播城市红色文化。最后，利用红色文化打造社区文化，创建精神家园。社区是高职院校大学生除学校之外的主要活动场所，高职院校应联合社区利用红色文化打造良好的社区环境，开展积极向上的文艺、教育、体育等活动，形成一种高职院校大学生认可的社区文化，并自觉成为其中一员。

四、小结

红色文化是一部中华英雄儿女满怀对祖国人民的深情热爱，用青春与生命撰写的历史教材。红色文化对于新时代大学生坚定理想信念，激发爱国热情和增强中国特色社会主义文化自信等有着强烈的感染力与号召力，具有重要的思想政治教育价值。高职院校可以通过将红色文化融入课程建设、第二课堂、互联网建设、家校社教育等路径，开展新时代高职院校大学生思想政治教育，让历史故事与历史人物都活起来，利用真情去感染人，利用真实去打动人，推动红色文化创造性转化与创新性发展，引导高职院校大学生树立正确的世界观、人生观、价值观，自觉传承与发扬红色文化。

五、实践分享——"以文育人"高职院校大学生思想政治教育辅导员工作室

（一）工作目标

一是以问题为导向，挖掘红色文化融入高职院校大学生日常思想政治教育的重要性。首先，新时代高职院校大学生日常思想政治教育面临新的挑战与要求。红色文化不仅蕴含着重要的精神价值，而且具有十分重要的当代价值，将红色文化融入高职院校大学生日常思想政治教育，是新时代加强和改进大学生日常思想政治教育的迫切需要。其次，调研红色文化融入高职院校大学生日常思想政治教育的现状。红色文化通过不同形式不同程度地融入高职院校大学生日常思想政治教育之中，要对融入现状进行调研，分析存在的问题，并积极思考相应的对策。

二是以实效为目标，开展红色文化融入高职院校大学生日常思想政治教育实践。首先，挖掘红色文化资源为高职院校大学生思想政治教育提供参考资料。工作室位于重庆，这是一座红色的城市，具有抗战文化、红岩精神、三线建设精神、移民精神等丰富的红色文化资源。挖掘重庆红色文化，建立资源信息库，可为高职院校大学生日常思想政治教育提供最真实最生动的参考资料。其次，开展红色文化融入高职院校大学生日常思想政治教育实践，以提升教育的实效性为目标，总结实践经验，归纳教育路径。

（二）工作措施

1. 挖掘重庆红色文化资源，发挥文化育人功能

重庆作为中国抗战大后方，拥有十分丰富的红色文化资源。工作室着力思考如何将重庆地域红色文化资源融入学生思想政治教育：通过微信公众平台开设红岩专题栏，转载重庆抗战文化、三线建设、三峡移民、重庆直辖等教育资源，以学生喜闻乐见的方式了解自己的家乡；开设"追寻红色足迹"专题栏，鼓励学生走进红色革命教育基地，记录所见、所听、所

学、所想，在实践中见真知；每年11月开展红岩主题活动，通过看电影、办小报、讲故事等活动缅怀英烈。

2. 突出学院专业文化特色，丰富文化育人内涵

高职院校以培养应用型高技能人才为目标，培养学生的职业素养对提高学生的竞争力意义重大。工作室着力思考如何将学院专业文化融入学生思想政治教育：通过新生入学宣誓等方式认识"诚信、礼仪、睿智、务实"的院训，并不断强化以内化于心；通过职业教育活动周开展劳模进校园、榜样的力量等活动，弘扬劳动光荣、技能宝贵、创造伟大的时代风尚；指导学生参加专业技能竞赛，通过竞赛了解专业、掌握技能，从而培养职业兴趣。

3. 加强校园活动文化建设，丰富文化育人形式

健康向上的校园文化对学生品质的形成具有渗透性和持久性。工作室着力思考如何运用第二课堂开展学生思想政治教育：充分发挥学生会、学生社团、共青团等学生组织的积极性、主动性和创造性，开展中华优秀传统文化、专业文化活动，营造良好的校园文化氛围；引导学生参加社会实践、志愿服务活动，在服务社会与服务他人的实践中增强责任感；指导学生参与创新创业活动，在不断思考与探索中展现个人才华。

4. 打造网络育人平台，强化文化育人载体

互联网作为思想政治工作创新载体，更易吸引高职院校大学生的关注。工作室着力思考如何运用网络平台开展高职院校大学生思想政治教育：通过网站发布教育教学、学生管理、校园活动等信息，展示学院工作动态；通过微信公众号开展专题教育，"中华优秀传统文化"专题展示高职院校大学生感兴趣的中国传统节日节气、服饰文化、古典诗词、商文化等内容，"半月史谈"专题用贴近高职院校大学生的语言和方式讲好党史故事，"榜样的力量"专题表彰优秀学生代表事迹；云课堂为师生党员、入党积极分子等提供线上政治理论学习和交流的平台，增进思想交流。

第五章

网络育人：高职院校网络育人优化路径探析

随着互联网技术的蓬勃发展，中国社会已经步入了新媒体时代，网络已深深融入经济社会发展的方方面面，渗透到了每一位社会个体的日常学习、工作和生活中，为大家带来便捷服务的同时，也影响了每一个人的学习生活方式和获得资源的习惯，尤其突出表现在被称为网络"原住民"的青年大学生群体中。中共中央国务院印发的《关于进一步加强和改进大学生思想政治教育的意见》指出："高校思想政治工作要致力于体现时代性，把握好思想政治工作的规律性，以不断地增强其实效性。"习近平总书记指出："要运用新媒体新技术使工作活起来，推动思想政治工作传统优势同信息技术高度融合，增强时代感和吸引力。"[①] 2017年教育部印发的《高校思想政治工作质量提升工程实施纲要》明确提出"创新推动网络育人"。习近平总书记在党的二十大报告强调："加强全媒体传播体系建设，塑造主流舆论新格局。健全网络综合治理体系，推动形成良好网络生态。"[②]高职院校应主动抢占网络这一育人阵地，因时而新，构建清朗网络，弘扬主旋律，传播正能量。

一、网络育人的内涵与意义

（一）网络育人的内涵

随着信息时代的到来，数字化与网络信息革命彻底改变了人类的工作和生活方式，网络就是数字化革命新技术发展的产物之一。"网络的含义是丰富而广泛的，它不仅指基于信息技术而存在的物理硬件，也包括了文化、观念、社会、经济等层面的交往空间。"[③]网络是为人们提供服务的一个数字化信息沟通系统工具，拥有信息传递、共享和优化资源组合等功

[①] 习近平在全国高校思想政治工作会议上强调 把思想政治工作贯穿教育教学全过程 开创我国高等教育事业新局面[N]. 人民日报，2016-12-09（1）.

[②] 习近平. 高举中国特色社会主义伟大旗帜 为全面建设社会主义现代化国家而团结奋斗——在中国共产党第二十次全国代表大会上的报告[M]. 北京：人民出版社，2022：44.

[③] 黄超. 高校网络思想政治教育研究 [M]. 北京：世界图书出版公司，2012：3.

第五章　网络育人：高职院校网络育人优化路径探析

能，虚拟性、隐蔽化、高交互性是它的特点，简单、快速、灵活是它的优势。互联网已经成为现代社会人类生活中必不可少的重要工具之一，中国互联网信息中心（CNNIC）发布的第 52 次《中国互联网络发展状况统计报告》显示，截至 2023 年 6 月，我国网民规模达 10.79 亿人，较 2022 年 12 月增长 1109 万人，互联网普及率达 76.4%[①]。

互联网已经成为高职院校大学生获取信息、共享资源、娱乐生活的主要平台，成为其学习生活不可分割的一部分。网络的教育作用和社会功能也在凸显，关于网络育人的含义，国内的专家学者主要有以下几种观点：一是把网络作为一种技术工具，将网络育人定义为一种运用网络技术开展教育的方式；二是把网络纳入教育的范畴，将网络育人定义为一种关于网络的教育；三是把网络看作一种教育环境，将网络育人定义为在网络大环境下创新性开展的教育活动。笔者认为，网络育人把网络作为育人的载体、工具和阵地，通过网络来开展教育活动，已经成为一种新的教育方式。网络育人充分发挥了网络平台教学共享资源充足、信息传播迅速的优点，更符合互联网时代教育发展与学习者的心理发展规律，促进了教育者和受教育者之间的信息双向交流，成为全员育人、全过程育人、全方位育人理念在网络信息化背景下的新体现。

（二）网络育人的意义

1. 网络育人是高职院校维护意识形态安全的必要之举

党的十八大以来，党中央高度重视网络意识形态工作，习近平总书记强调："互联网是我们面临的最大变量，在互联网这个战场上，我们能否顶得住、打得赢，直接关系国家政治安全"，要"坚决打赢网络意识形态

---

① 中国互联网信息中心.第 52 次《中国互联网络发展状况统计报告》[EB/OL].（2023-08-28）[2023-09-07]. https://www.cnnic.net.cn/n4/2023/0828/c88-10829.html.

083

斗争，维护国家政治安全"①。当前，互联网已经成为思想交锋的平台，成为文化较量的场所，成为意识形态领域渗透与反渗透的战场。高职院校应主动而为，顺应国家意识形态的发展动向，在网络空间形成稳定的思想政治教育环境，利用多元文化指导和帮助学生树立正确的价值观，切实维护好意识形态安全。

2. 网络育人是高职院校落实立德树人根本任务的必要之举

互联网技术更新迭代，网络已成为大学生获得信息与知识的重要途径。高职院校应充分利用网络空间落实立德树人的根本任务。一是培养学生正确的网络观，引导其形成明确的信息主体意识和正确的信息价值观，帮助他们提升理性认识和明辨是非的能力，进一步提升其社会责任感。二是充分发挥网络正向促进作用，开阔学生的视野，提升学生正确使用网络的能力，培育和践行社会主义核心价值观。三是及时把握学生的思想动向，形成理性、包容、顺畅的信息交流机制，指导学生利用合理渠道和适当方法表达自己的合理需求，保护其正当权益，呵护其心理健康。

3. 网络育人是高职院校增强思想政治教育实效的必要之举

网络育人创新性地促进了高职院校思想政治教育的多元化和个性化发展，是高职院校增强思想政治教育实效性的必要之举。一是充分发挥"互联网+"思维，利用网络的开放性和便捷性，打破传统思想政治教育教学在时间和空间上的限制，扩大了教育的覆盖面。二是互联网的隐蔽化和虚拟功能的强大，学习者能够比较全面、更加真实地表现自己，教育者能够更全面地掌握学习者的思想动态，开展一对一的教育教学。三是利用网络技术及时高效地进行思想政治教育教学资源共享，使教学的内容与素材都获得了很大的充实。同时，网络育人也使思想政治教育不再仅限于课堂教学，彻底打通了思想政治教育的"最后一公里"。

---

① 中共中央党史和文献研究院. 习近平关于网络强国论述摘编[M]. 北京：中央文献出版社，2021：31.

二、高职院校网络育人的现实困境与原因

当前,在国家的大力支持下,高职院校网络育人工作得到越来越多的重视,育人成果显现,学生的理想信念更加坚定,文化自信心明显提高,但同时也存在一些现实问题,在一定程度上影响了育人效果。

(一)高职院校网络育人的现实困境

1. 网络育人平台建设不够完善

随着互联网的快速发展,大部分高职院校都建立了服务本校师生的网络管理平台,官方网站、公众号、微博等已成为发布信息、通知、新闻的重要渠道,同时也是高职院校对外宣传的重要窗口,但部分高职院校的网络育人平台建设还处于进一步开发和不断完善的阶段。

1)网络育人平台建设力度不够

青年大学生思想活跃、情感丰富,有较高的认知水平,借助网络平台可以不断地接触新鲜事物,所以"在'互联网+'时代,思想政治教育工作者要充分借助网络技术开展宣传教育,系统规划、构建网络宣传平台的基础"[①]。部分高职院校的网络育人平台以校园网、公众号为主,只关注平台建立,轻视平台建设,网站模块多由"综合新闻""通知公告""文化活动""理论学习"以及专题活动等组成,多年未有更新,所用技术手段相对落后,缺乏新意和吸引力。部分高职院校的网络育人平台内容以学校重大活动新闻为主,且推送滞后,更新频率较低,缺乏时效性和感染力。部分高职院校虽然建立了思想政治教育网站或设立了相应模块,但由于建设力度不够、吸引力不足、内容不充实,不能满足学生成长的需要,达不到网络育人预期效果。

---

① 伍林. "互联网+"视域下高校思想政治教育工作路径优化研究 [J]. 高教学刊,2019(2):187.

2）网络育人平台缺少联动建设

青年大学生正处在思想观念、价值取向、社会行为养成期，极易被一些关注度高、流量大的网络平台引导，这就要求高职院校及时融入网络领域，在重要事件和话题中掌握话语权。目前，高职院校在大学生使用频率较高的网络平台和社交媒体延展性不足。同时，高职院校的网络育人平台缺乏系统的管理和有效的联动，网络育人资源主要是通过校园网站、微信公众号、微博等平台独立发布，分散且碎片化，尚未形成教育合力，学生的认可度不高，整体育人效果不明显。

3）网络育人平台缺乏互动机制

青年大学生在遇到思想困惑、选择困难和学习疑惑等情况时，需要有"引路人"及时引导，并且需要通过他们熟悉和热衷的方式进行交流。借助互联网建立有效的师生双向信息沟通机制，有助于教师准确掌握学生思想动态，既拓宽了获益面，又提高了工作效能。目前，部分高职院校网络育人平台建设"师生互动"模块相对缺失，学生、教师交流"无门"。

2. 网络育人体系建设不够完善

1）网络育人的管理力量不够

青年大学生常常倾向于运用互联网来获取各类知识和资讯，表达思想和情感，进行沟通和交流，很容易对网络产生依赖性。但受到传统教育思维和习惯影响，网络空间还有一些育人引导和管理力量不到位的情况：一是部分高职院校对新媒体发展趋势还不太重视，缺少对网络育人体系的顶层设计；二是网络话语权的运用和网络舆论的管理效果有待提高；三是面对复杂多变的网络环境，部分思想政治教育工作者存在逃避和畏难心理，既不重视，也不参与，更不想改变现有的教育习惯。

2）网络育人的内容形式有待创新

网络育人应该从根本上改进传统的教育模式，尤其是要解决传统教育中的形式主义和教条主义，增强学生学习的主动性，变被动学习为主动学习。部分高职院校网络育人内容没有做到与时俱进，跟不上新时代高职院校大学生的思想与视野；形式上缺少创新，优秀的网络文化产品数量不够，教育内容同质化，无法满足学生的个性化需求；育人内容的话语体系不接地气，与学生沟通存在距离感，无法深入高职院校大学生的内心；学校和教师对学生关注的问题、认知上的困惑无法及时回答，打造出来的网络育人平台耗费了人力、财力、物力，但阅读量少、浏览量低、学生参与度低，育人成效不佳。

3）网络育人的队伍素质参差不齐

加强网络育人体系建设，人才是保障。高职院校必须要建设一支理论基础扎实、专业技能过硬、年龄结构合理、综合素质优良、具有一定网络影响力的网络育人队伍。目前，高职院校网络育人队伍主要由学校党委宣传部相关工作人员、辅导员、思政课教师、学生干部等构成，他们自身对网络育人的接受程度不同，青年教师对于新媒体技术使用熟练，但思想政治教育工作经验相对稚嫩；资深教师对于思想政治教育工作理解透彻，但教育手段陈旧，运用新媒体开展工作有一定的困难。

3. 育人对象网络信息素养有待提高

青年大学生具有较强的学习和掌握互联网技术的能力，对未知的事物有着强烈的探知欲望，并善于敏锐地捕捉互联网最新的资讯。但是，高职院校对学生网络信息综合素养的培养却没有同步：一是部分高职院校大学生过于沉迷与信赖网络工具，缺乏对时间的合理计划和高效使用，同时对互联网工具过分信赖，缺乏主动思考与判断的能力；二是部分高职院校大学生的安全意识相对淡薄，因认知能力与辨识能力不足，难以甄别网络上的不良信息；三是部分高职院校大学生的网络道德素养不足，他们注重个性表现，释放自我情感，缺乏理性表达。同时，部分缺少社会责任心的企业，通过传播庸俗、媚俗、恶俗的内容来吸引社会关注度，从而影响学生的价值判断和价值选择。

（二）高职院校网络育人产生现实困境的原因

1. 网络育人机制不健全，缺少统筹布局

推进高职院校网络育人工作需要有政策支持和体制机制保障，部分高职院校对网络育人重要性的认识还"浮于表面"。一是领导机制不足。部分高职院校领导者的管理思维还未跟上时代发展的步伐，网络育人工作尚未形成系统的规划与管理制度，从而面临着"政出多门"的情况，内部资源沟通不畅、整合不足、配合不够，很难满足学校网络育人的需要。二是引导机制缺乏。正处在价值观形成重要阶段的高职院校大学生，在成长过程中极易受到网络上不良信息的干扰，而良好的网络导向机制的缺位，既不利于学生的身心健康发展，也无法体现网络育人效果。三是监管和评价机制不完善。部分高职院校对网络平台的监管力度不够，缺乏科学合理的教育评价机制，容易导致教师的工作热情不够，教育成效不突出。

2. 网络育人的经费支持和工作队伍不足

一是网络育人平台的建设资金不足。部分高职院校在网络育人硬件和软件配置、人员培训等方面投入的经费不足。部分高职院校在硬件建设上下了功夫，但没有给予持续发力的维护投入，在内容内涵的丰富、表现形式的多样化等方面投入不足。部分高职院校对网络育人的科研支持力度不够，教师缺乏钻研科研课题的积极性，影响了高职院校网络育人的进一步发展，无法提升网络育人的整体效果。

二是网络育人的工作队伍不足。首先是专职网络管理工作人员配备不足。部分高职院校网络管理人员由学校职能部门工作人员或辅导员兼任，对网络育人的工作任务、工作重点、教育内容等掌握不够深入，只满足于形式上完成任务的需求。其次是从事网络育人的高素质技术技能人才不足。部分高职院校网络技术人员的专业技能较强，但思想政治素质还需要进一步提升；部分网络教育工作人员的计算机应用能力、数据处理及分析能力、网络意识形态安全意识相对较弱。最后是思想政治理论课教师参与网络育人工作不足。网络育人是对传统思想政治教育教学手段的拓展和延伸,需要具有较强理论基础的思政课教师来参与教育引导。

3. 网络育人工作存在形式主义的问题

高职院校的网络育人应从实际出发,以学生为中心,因材施教,如果只是将互联网与育人工作简单地组合起来,有其形而无其实,就容易陷入形式主义的误区。一是部分高职院校的网络育人平台建设流于形式,虽然建立了思想政治教育网络平台和新媒体账号,但是把工作重心放在形式、样式、版式设计上,页面精致美观,但是内容的深度和更新的速度却无法跟精致的页面相匹配,后期的维护和管理力度也跟不上。二是部分高职院校开展网络育人工作是为了完成上级安排的考核任务,对于育人的形式和内容是否符合时代的发展需求,是否有内涵、有实效、有吸引力,是否符合受教育者的成长需求等思考较少。

三、高职院校网络育人的优化路径

在互联网技术飞速发展的当下,网络已经全方位、多层次地改变了人们的生活、工作和学习习惯。我们要顺应信息技术的发展,推动教育变革和创新,构建网络化、数字化、个性化、终身化的教育体系,建设"人人皆学、处处能学、时时可学"的学习型社会,培养大批创新型的人才。高职院校要运用好互联网这个平台,做好网络育人工作,要敢于正视当前自身在网络育人过程中存在的问题,积极探寻和革新网络育人的路径。

(一)优化理念,强化网络育人意识

当代高职院校大学生是伴随互联网发展成长起来的一代人,从微博"冲浪"到玩转微信,再到拍摄快手、抖音小视频,网络已经深刻、全面地融入了他们的生活和学习中。但是,部分高职院校大学生把大部分时间都花在了互联网上,他们往往自制能力较差,思想和行为容易受到网络不良信息的影响。因此，高职院校要坚定党的教育方针，以社会主义核心价值观为引领，以理想信念教育为核心，积极践行"三全育人"理念，抓准高职院校大学生成长发展的现实需要，强化"互联网+"网络育人意识，扎实推进网络育人工作。

1. 坚定党的教育方针

习近平总书记强调，当前党和国家的事业正处在一个关键时期，我们对高等教育的需要比以往任何时候都更加迫切，对科学知识和卓越人才的渴求比以往任何时候都更加强烈[1]。面对纷繁复杂的网络大环境，高职院校必须要坚持以习近平新时代中国特色社会主义思想为指导，全面贯彻落实党的教育方针，坚定不移走社会主义办学方向，让马克思主义成为我国高校的鲜亮底色，始终把落实立德树人作为根本任务，坚持把思想政治工作贯穿于学校教育管理服务全过程，着力培养德智体美劳全面发展的社会主义建设者和接班人。

2. 以社会主义核心价值观为引领

习近平总书记在全国高校思想政治工作会议上强调："要坚持不懈培育和弘扬社会主义核心价值观，引导广大师生做社会主义核心价值观的坚定信仰者、积极传播者、模范践行者。"[2]网络育人的实质是做"人"的工作，新媒体和新技术都只是手段和工具，铸魂育人才是核心。高职院校肩负着为党育人、为国育才的重任，必须秉承育人为本、德育为先的教育原则，深刻理解和把握网络育人工作内涵，立足于促进学生全面发展，不断强化"育人"主体意识，将培育和践行社会主义核心价值观始终贯穿于网络育人工作全过程,着力培养学生正确的人生价值观和崇高的道德情操，为国家和社会培育、输送大批合格人才。

---

[1] 习近平致信祝贺中国人民大学生建校80周年[N]. 人民日报,2017-10-04(1).
[2] 习近平在全国高校思想政治工作会议上强调 把思想政治工作贯穿教育教学全过程 开创我国高等教育事业新局面[N]. 人民日报，2016-12-09（1）.

3. 以理想信念教育为核心

青年强则国家强，青年同党和国家、民族的前途命运息息相关。高职院校在网络育人工作中，要将立德树人作为中心环节，不断加强高职院校大学生理想信念教育，让他们切实感受到在中国共产党的领导下，国家建设与发展取得的巨大成就，努力培养有远大理想、有爱国情怀、有责任担当、有奋斗精神、有高尚品德的新时代大学生。要引导高职院校大学生不断提升自己的道德修养和综合素养，勇于担当历史使命和时代责任，实现人生价值和奋斗目标，为共筑中国梦贡献青春力量，不负祖国和人民的期望。

4. 践行"三全育人"理念

习近平总书记在全国高校思想政治工作会议强调，要坚持把立德树人作为中心环节，把思想政治工作贯穿教育教学全过程，实现全员育人、全程育人、全方位育人，努力开创我国高等教育事业发展新局面[1]。在互联网高速发展的大环境下，高职院校要按照"三全育人"的理念，运用"互联网+"思维创新性持续推进新形势下的思想政治教育工作，充分运用新媒体平台和网络新技术，全面优化网络教育环境，搭建学校思想文化宣传阵地，积极适应新形势转变，优化设计符合新时代的网络育人方法，以大学生成长发展的现实需要为导向，扎实开展全员、全方位、全过程网络育人。

（二）优化平台，夯实网络育人阵地

高职院校网络育人平台既是正向网络文化的宣传平台，又是思想政治教育教学工作的创新平台。高职院校要重视和加强校园网站以及各类网络平台的建设，增强针对性和主动性，为学生打造内容丰富，有吸引力的精品网站平台。

---

[1] 习近平在全国高校思想政治工作会议上强调 把思想政治工作贯穿教育教学全过程 开创我国高等教育事业新局面[N]. 人民日报，2016-12-09（1）.

1. 进一步完善校园网站建设

高职院校应重视校园网站建设，加大力度、创造条件，积极推动智慧校园和数字化平台建设，融合教育教学、学生管理、校园活动等功能，打造校园网络育人平台。首先，高职院校必须要有自己的校园门户，以其作为学生价值引领的主阵地。进一步完善网站建设，既要兼顾时代感与先进性，又要着重突出实用功能，充分运用网络技术，有效整合资源。其次，高职院校要充实网站的思想政治教育内容，将红色革命故事、先进人物事迹、优秀榜样力量等内容，通过生动的表现形式，融入网站建设，丰富思想政治教育的内涵，突出其正向价值引领和导向功能。最后，高职院校要不断创新思想政治教育网站的设计和形式，网页的设计应当生动而不失庄重，活泼而不失严谨，适合青年学生的审美，网站的形式也要与时俱进，符合当代大学生的心理和行为特征。

2. 发挥各类网络平台联动优势

高职院校应该与时代同步，创新教育发展理念，积极发挥"互联网+育人"的优势，进一步加强对学生的管理与服务。首先，推动在线网络平台建设，构建校园网络新媒体矩阵，打造网络共享平台，扩大宣传力度。其次，要加强"两微一端"的使用。微信、微博等拥有超高的人气，要充实推送的信息内涵，使内容更加具体化、理论化和富有教育意义，采用灵活的推送形式和编辑手段，迎合学生的喜爱，成为行之有效的育人工具。最后，要打造优质官方微信公众平台，丰富网络育人内容，提升时效性和吸引力，加大宣传，提高浏览量和关注度。

3. 构建师生交流互动新渠道

高职院校应积极搭建好师生平等互动交流平台，让师生在和谐平等的网络平台中加强交流，共同推进育人目标的实现。首先，要加强学生的网络素养教育，引导学生正确运用网络，有效实施自我教育，使其能科学运用网络，以积极向上的心态对待网络，同时，要培养学生的学习主动性，培养学生的认知和辨别能力,自主获取有用的网络资源,开展自我教育。其次,要构建师生良性互动渠道,有效调动互动双方的积极性,使其主动参与到网络育人中来,引导教师以平等的姿态与学生进行交流互动;发挥网络的及时性优势,高效地为学生答疑解惑;及时对学生不良言行进行纠正和制止,引导学生树立正确的价值观。

(三)优化资源,提升育人文化内涵

1. 提升高职院校网络文化内容品质

首先,从中华优秀传统文化中汲取养分,展现文化自信。中华优秀传统文化博大精深,高职院校应秉承古为今用、推陈出新的原则,挖掘和阐发中华优秀传统文化,丰富思想政治教育资源,提升大学生的文化底蕴,增强他们的文化自信,这也是教育者应尽的历史责任。其次,保持正确的价值取向,坚守网络意识形态主战场。高职院校可以通过树立先进典型,用先进人物的事迹和朋辈榜样的力量带动师生自觉地贯彻落实社会主义核心价值观,要"用社会主义核心价值观凝魂聚力,更好构筑中国精神、中国价值、中国力量,为中国特色社会主义事业提供源源不断的精神动力和道德滋养"[1]。最后,关注高职院校大学生的诉求,从中汲取情感力量。高职院校要讲好"中国故事",传递有体温、有厚度、有力量的声音,打造一批既能精准抓住大学生精神情感,又贴近大学生生活、话语方式,受高职院校大学生喜欢的网络资源,凝魂聚力,统一大学生的精神力量,帮助他们坚定"四个自信",增强信仰力量。

2. 整合高职院校多元育人资源

网络育人是高职院校育人体系的进一步发展与完善,拓展了全员、全过程、全方位育人的广度与深度。首先,高职院校应通过融合传统育人与

---

[1] 习近平对全国道德模范表彰活动作出重要批示强调 更好构筑中国精神、中国价值、中国力量 为中国特色社会主义事业提供精神动力和道德滋养[N]. 人民日报,2015-10-14(1).

网络育人的优势，做到优势互补，以传统育人内涵扩展网络育人的深度与广度，提升网络育人的吸引力和影响力；利用网络信息海量性、即时性、便捷性的特点，弥补传统育人的时空缺陷。其次，高职院校需要将"线上"和"线下"进行有机的结合。网络资讯的一个显著特点就是碎片化和通俗化，知识的获取缺乏系统性，同时，因为网络的虚拟性特点，"线上"育人互动缺少必要的情感交流。传统的思想政治教育有完整的知识体系，而且师生能够当面交流，有利于情感沟通，可以弥补"线上"育人的不足。而网络信息时代的创新与发展，又能打破传统育人方式的壁垒。因此，推动"线上线下"协同育人，紧抓时代脉搏，不断更新育人理念，既能保持传统思想政治教育的基本特点，又能提高现代思想政治教育的感染力与有效性。

（四）优化制度，构建科学管理体系

1. 建设网络育人管理评价机制

首先，要建设管理机制。高职院校要重视顶层设计，从学校层面建立网络育人专项领导小组，统筹管理网络育人的各项工作和各个环节；要制定学校层面的制度和规则，进行科学管理，让网络育人工作更加规范合理。一方面，要设立专门的管理机构，打造专业的团队，对各网络平台进行监督管理，对发布的内容、发布的形式等进行严格审核，不断提升网络平台的秩序化和规范性。另一方面，要加强对师生的引导和管理，约束师生网络言行，传播正能量，弘扬正确价值观，净化网络空间。其次，要健全评价机制。高职院校网络育人工作评价机制的主体是教师群体。一是要评估教师是否具备运用思想政治教育平台有效开展线上线下育人的能力，是否能更好地建设网络育人平台，是否能充分发挥网络思想政治教育阵地的作用。二是要将教师考评聚焦在人才培养上，强化激励机制，充分调动教师网络育人的积极性和主动性。

2. 完善网络育人环境监督体系

高职院校要搭建网络监督平台，及时发现网络上出现的不良信息，维护和净化网络环境。同时，高职院校还要进一步完善网络安全监测系统，做好网络舆情监测，守好网络舆论阵地。首先，要强化思想引领，站稳网络育人阵地的主导权，引导学生学习经典原著，帮助学生理解理论内涵，进一步提升网络育人的影响力。其次，要严格把关网络信息的传播，推广既有思想性又不乏艺术性、趣味性的网络文化产品，营建风清气正、绿色健康的网络空间，确保学生接收到正面、积极、健康的内容。同时，网络育人环境监督体系离不开师生的主动参与，要充分发挥教育监督合力，形成互相监督、互相促进的良好氛围。

（五）优化队伍，凝聚网络育人力量

1. 加强网络育人师资队伍建设

习近平总书记高度重视高校思想政治工作队伍建设，强调"要拓展选拔视野，抓好教育培训，强化实践锻炼，健全激励机制，整体推进高校党政干部和共青团干部、思想政治理论课教师和哲学社会科学课教师、辅导员班主任和心理咨询教师等队伍建设，保证这支队伍后继有人、源源不断"[①]。高职院校应打造高素质网络育人师资队伍，既要具备扎实的思想政治理论基础，又要有较高的网络素养，能够把"线上"教育与"线下"教育有机结合起来。一是要将具有较高理论知识水平的思政课教师吸纳到育人队伍中，以提升整个育人队伍的政治理论素养。二是选拔一批思想政治素质较高的专业网络技术人员，负责网络平台的建设、开发和管理。三是充分利用辅导员贴近学生的优势，有效实现网络育人目标。四是要加强网络育人队伍的培养，通过定期的专业培训，全面提升教师的理论素养、学科素质和技术创新能力。

---

① 习近平在全国高校思想政治工作会议上强调 把思想政治工作贯穿教育教学全过程 开创我国高等教育事业发展新局面[N]. 人民日报，2016-12-09（1）.

2. 打造高素质学生骨干队伍

网络空间的虚拟性、隐蔽性和超时空性使大学生们可以用虚拟的身份自由地在网上浏览信息、发表言论。高职院校需要在学生群体中培养一批高素质的骨干队伍，以便及时了解和掌握学生动态。首先，学生网络信息员队伍必须具备较高的思想政治觉悟和敏锐度，学校通过信息员及时掌握学生的网络思想动态，进行有效筛查和监督，及时有效地预防、发现、制止学生中出现的不良思想和不当言行。其次，高素质的学生队伍是开展网络育人工作的得力助手，能够帮助教师完成活动策划、公众号内容编辑推送、下发通知等工作，部分业务能力较强的学生还可以帮助教师运用网络创新工作方法，更好地发挥网络育人的优势。同时，高素质的学生骨干还能在学生中发挥模范带头作用，对周围学生产生积极影响，是高职院校网络育人队伍的有力助手和鲜活力量。

四、小结

随着互联网的高速发展，网络正以其开放性、复杂性、即时性、互动性、隐蔽性等特有的传播特点，悄悄地改变着人们的生活方式。网络的普及和运用对高职院校来说是一把双刃剑，重新构筑了高等教育的模式。一方面，网络优化了高职院校育人的环境，拓宽了育人途径和方法，提高了育人工作的实效。另一方面，网络给高职院校育人工作带来了有效监督管理的风险和挑战。高职院校网络育人工作需要拓宽思路，创新方法，加强网络阵地建设，增强网络育人的渗透力，切实提升育人工作的整体水平。

第六章

心理育人：高职院校心理健康教育体系的构建

人是生活在一定社会环境中的，有着复杂心理活动的完整个体，人是生理、心理与社会层面的统一。大学生承担着学业、生活、情感、就业等多重压力，心理健康已受到社会的关注。2000 年，由北京师范大学心理系团总支、学生会发起倡议，十多所高校响应，并经有关部门批准，确定每年的 5 月 25 日为"北京大学生心理健康日"。2004 年，团中央学习部、全国学联共同决定将 5 月 25 日定为全国大学生心理健康日，设立心理健康日的目的是呼吁大学生关注自己的心理健康。习近平总书记在党的十九大报告中明确提出，要"加强社会心理服务体系建设，培育自尊自信、理性平和、积极向上的社会心态"[①]。2017 年 12 月，教育部党组印发《高校思想政治工作质量提升工程实施纲要》，将心理育人纳入高校思想政治工作的"十大育人体系"，提出构建教育教学、实践活动、咨询服务、预防干预、平台保障"五位一体"的心理教育工作格局。2021 年，教育部办公厅印发的《关于加强学生心理健康管理工作的通知》从源头管理、过程管理、结果管理、保障管理四个方面阐述了全方位开展学生心理健康管理工作的具体举措，从而为提升学生心理健康素养，增强心理健康教育管理工作的针对性与实效性指明了方向，为新时代高校推进心理育人工作提供了行动指南。

一、心理健康的标准

关于心理健康，1946 年召开的第三届国际心理卫生大会将其定义为：所谓心理健康，是指在身体、智能以及情感上与他人的心理健康不相矛盾的范围内，将个人心境发展成最佳状态。美国心理学家马斯洛和米特尔曼提出了心理健康的十条标准，被公认为是"最经典的标准"，即充分的安全感；充分了解自己，并对自己的能力作适当的估价；生活的目标切合实

---

① 习近平. 决胜全面建成小康社会 夺取新时代中国特色社会主义伟大胜利——在中国共产党第十九次全国代表大会上的报告[M]. 北京：人民出版社，2017：49.

际；与现实的环境保持接触；能保持人格的完整与和谐；具有从经验中学习的能力；能保持良好的人际关系；适度的情绪表达与控制；在不违背社会规范的条件下，恰当地满足个人的基本需要；在集体要求的前提下，较好地发挥自己的个性。一般来说，心理健康的人都能够善待自己、善待他人、适应环境、情绪正常、人格和谐，他们并非没有痛苦和烦恼，而是他们能适时地从痛苦和烦恼中解脱出来，积极地寻求改变现状的途径。

个体因不同年龄阶段所处的社会环境不同，人生经历不同，从而形成了不同的心理行为模式。高职院校大学生的年龄一般在 20 岁左右，处于青年中期，属于大学生群体，因而具有与年龄和角色相应的心理行为特征。笔者参考大量文献后，将高职院校大学生心理健康标准归纳为如下六点。

（1）认知正常。认知是人们获得知识或应用知识的过程。认知正常体现为记忆力、注意力、观察力、逻辑思维等综合能力，是衡量大学生心理健康的首要标准，是大学生顺利完成学习任务、适应周围环境、参与社会活动的基本条件。高职院校大学生智力正常的标准包括能够正常参与学校各项教学和实践活动，能够理解教师讲授的知识，进行独立自主的思考，有效解决困难与问题。

（2）情绪良好。心理健康的主要标志是情绪稳定和心情愉快，情绪异常往往是心理疾病的先兆。高职院校大学生的情绪良好体现为：愉快情绪多于负性情绪，乐观开朗，充满热情，对生活充满希望；情绪稳定，能有效地控制和调节自己的情绪，在不同的时间与场合有恰当的情绪表达；不同的情绪反应有因可循，反应的强度与情境相符合。

（3）人格健全。人格是各种心理特征的总和，健全的人格是指气质、能力、性格、理想、信念、人生观等各方面均衡发展。人格健全的高职院校大学生有清醒的自我认知、正确的自我评价、积极的自我体验和良好的自我控制能力，在不同的环境中，内心所想和外部表现具有统一性。

（4）自我评价正确。正确的自我评价是心理健康的重要条件，即个体在与他人的相互关系中、现实的实践活动中能正确认识自己。心理健康的高职院校大学生能对自己的个性特点、能力、行为有比较明确的了解和客观公正的评价，欣赏自己的优点，但不狂妄自大，接纳自己的缺点，但不自暴自弃。

（5）适应能力强。适应能力是指个体对环境的接触和反应，不能以有效方法处理与现实环境的关系是导致心理障碍的重要原因。具有较强适应能力的大学生，能和社会保持良好的接触，主动去认识和了解社会，根据环境的不断变化积极调整自我，并采取有效的行为应对，实现与环境的平衡相处。

（6）人际关系协调。良好而深厚的人际关系可以使人产生积极的情绪，是个体学习生活快乐的前提，是心理健康的重要目标。高职院校大学生应该建立和谐的人际关系，正确看待他人与自己，与他人进行良好的沟通，并保持独立而完整的人格。

（7）心理行为与年龄特征相符。每个个体的认知、情感、言行等应基本符合他的年龄特征，这才是心理健康的表现。高职学生处于特定年龄阶段，应具有与自己的年龄与角色相符的心理行为特征，过于老成或过于幼稚均为不健康的心理表现。

二、高职院校学生主要心理健康问题

当代高职院校大学生是社会主义现代化强国的重要建设者，肩负着实现中华民族伟大复兴中国梦的历史使命，他们的心理健康程度不仅影响其个人的学习和成长，还直接影响一个家庭的生活幸福，甚至关系着学校乃至社会的安全稳定与发展。目前，高职院校大学生心理状况问题显现，复杂多样。本章以重庆某高职学校商学院2020级新生入学心理筛查分析相关数据为基础，梳理高职院校大学生的主要心理健康问题。

（一）重庆某高职学校商学院 2020 级新生入学心理筛查分析

1. 开展心理普查

学院通过填写线上问卷开展 2020 级新生全员心理普查，心理普查的内容为抑郁自评量表（SDS），共 934 名学生参与测评。问卷测评结果显示存在心理风险的学生共有 215 名，约占参与测评人数的 23%，其中风险等级"极高"的有 56 人，约占存在心理风险人数的比例为 26%，风险等级为"较高"的有 159 人，约占存在心理风险人数的比例约为 74%（见图 6-1）。

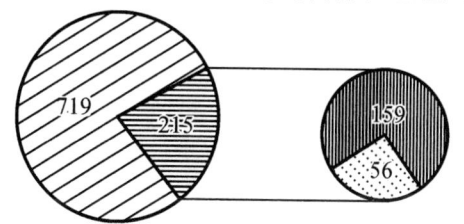

图 6-1 商学院 2020 级新生问卷心理筛查结果

2. 进行心理约谈

针对心理普查风险等级"较高""极高"的学生，由辅导员进行心理约谈。辅导员约谈的目的是了解学生家庭背景、学习生活、情绪、人际交往等各方面的情况，开展危机排查。辅导员约谈主要包括以下几个方面的内容。

（1）家庭情况：父母工作；家庭关系；家族有无精神病史、自杀史，若有精神病史、自杀史，询问目前诊断及服用药物情况。

（2）身体健康状况：有无重大疾病经历，是否做过重大手术；有无精神病史、自杀史，若有精神病史、自杀史，询问目前诊断及服用药物情况。

（3）社会功能：

①人际交往：了解与同学、室友、闺蜜、亲戚朋友的交往情况。

②学习方面：是否厌学、是否正常上课，有无旷课等情况。

③睡眠情况：了解睡眠质量，是否有失眠、嗜睡等情况。

④饮食情况：是否存在厌食、暴饮暴食等情况。

⑤情绪状态：是否存在不良情绪（焦虑、抑郁、躁狂、愤怒），若有不良情绪产生，是否有重大生活事件？

⑥重大生活事件：自己或者家人在最近半年内有无发生重大生活事件。

（4）以往的心理咨询情况：是否有心理咨询经历？若有，了解咨询的原因、时间、地点。

3. 转介学生

辅导员在危机排查过程中发现学生有下列情况，需将其转介到健康成长与发展服务中心。

（1）有自伤、伤人想法或倾向的。

（2）有极端情绪或行为表现，具有极高危险性，如自杀、伤人想法或倾向。

（3）有精神病性症状，如出现幻听、幻想、妄想、逻辑思维混乱等且自知力不完整的。

（4）近期发生重大生活事件（家庭重大变故、人际关系突变，如失恋、个人突发疾病等），对其心理产生较大影响，致其社会功能（生活、学习、人际、情绪等）持续受损超过 2 周。

（5）辅导员认为其他需到中心进一步约谈的情况。

健康成长与发展服务中心根据约谈情况，确定学生是否属于重点关注对象，对重点关注对象进行分级管理（见表 6-1），通过学生主动求助、辅导员进一步谈话等方式，不断补充完善重点关注对象的实际情况。重点关注对象的关注级别可以根据实际情况提请变更，健康成长与发展服务中心根据变更申请约谈学生，以确定是否同意变更申请。

表 6-1 心理重点关注对象分级管理表

关注级别	管理标准	处理方式
红色关注学生	具有极高危险性，有自伤自杀、伤人的想法/行为。	立即上报领导，联系家长到校，准备学生在校情况说明、告家长书等书面材料。
橙色关注学生	确诊/疑似心理疾病学生。	监督服药，定期复诊，辅导员每月 2 次谈心谈话。
黄色关注学生	未上升至疾病程度，有问题指标（如情绪低落）/严重心理问题学生。	辅导员每月 1 次谈心谈话。
绿色关注学生	学生危机解除，情绪稳定。	辅导员每学期不少于 1 次谈心谈话。

商学院辅导员通过约谈心理普查存在"较高""极高"风险等的学生，识别存在心理危机并提交心理咨询中心约谈的 2020 级学生共 40 人，其中 27 人被确定为重点关注对象，随着辅导员对学生的进一步了解，后续增加重点关注对象 8 人，即重点关注对象为 35 人。其中风险等级分别为橙色关注学生 13 人，约占重点关注对象总人数的 37%；黄色关注学生 6 人，约占重点关注对象总人数的 17%；绿色关注学生 16 人，约占重点关注对象总人数的 46%（见图 6-2）。

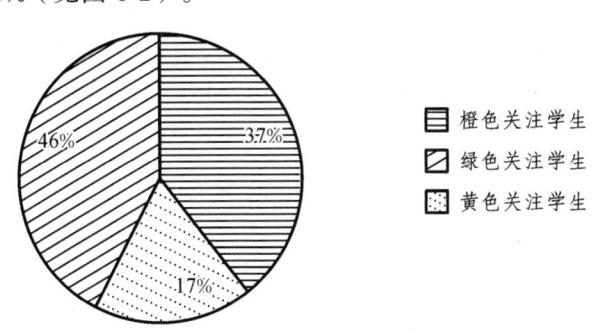

图 6-2 商学院 2020 级重点关注对象分级管理情况

（二）高职院校学生的心理健康问题

有研究显示，高职院校学生相对于本科学生，更容易产生心理危机，高职院校学生心理健康问题的发病率在 30%左右，[①]在抑郁、自我认识偏差及精神病倾向等方面的分值要高于本科学生。高职院校学生主要的心理健康问题表现为如下三个方面。

首先，高职院校学生容易产生挫败感。高职院校学生大多来自县城与乡镇，因文化学习方面不突出，经历过中考和高考的失利，"失败者"的心态普遍存在。进入新的学习阶段，学业问题仍然是高职院校学生最为常见的问题。同时，面临越来越激烈的就业竞争压力，长久以来的挫败感，易使高职院校学生产生自卑心理，从而出现一定程度的心理健康问题。

其次，高职院校学生容易陷入不良情绪。由于社会经验不足，以及家庭、自身、学校和社会等因素的影响，高职院校学生容易产生认知偏差，缺乏对社会现象的正确认识及对问题的客观判断，加上他们意志力薄弱，当情绪受外界偶然因素的影响时，容易形成暴躁、焦虑、多疑、胆怯等不良情绪，甚至患上强迫症、抑郁症、狂躁症等心理障碍。

最后，高职院校学生容易产生情感困惑。很多高职院校学生是第一次离开家，开始集体生活、尝试人际交往，由于缺乏社交阅历及经验，在与人相处中，他们常常以自我为中心，忽略他人感受，从而引发矛盾和冲突。高职院校学生正处于性成熟阶段，但由于思想尚不成熟，缺乏经验和指导，在对待和处理恋爱问题上常常不知所措，容易产生诸多心理压力。

三、高职院校心理健康教育的主要内容

心理活动是一个极其复杂的动态系统，影响心理健康的因素多种多样，既有学生的人格特征，又有家庭因素和社会因素，是多种因素相互作用于

---

① 职业院校学生心理问题突出，是什么原因？[EB/OL].（2022-03-02）[2023-09-07]. https://baijiahao.baidu.com/s?id=1726167084674729341&wfr=spider&for=pc.

个体的结果。综合高职院校学生心理特点及成长压力，就心理健康教育的主要内容提出如下建议。

1. 生命健康教育

马克思与恩格斯在《德意志意识形态》中指出，"全部人类历史上的第一个前提无疑是有生命的个人的存在"[①]，因而生命是个体存在及价值实现的基础，要想实现生命的意义和价值，首先应该珍视生命。新时代的高职院校学生成长于一个开放、独立和自由的时代，他们更加注重个人意识表达，关注个人权益保护、注重个人价值实现。但新时代的高职院校大学生在成长过程较少经历过挫折，因而抗挫能力较弱，面对挫折和打击时往往手足无措，一蹶不振，选择逃离到虚拟世界，容易产生抑郁情绪，甚至走向极端。通过开展生命健康教育，帮助高职院校大学生认识、了解生命的可贵，珍爱自己的生命，尊重他人的生命，学会如何更好地生存和生活，并以此为基础，主动探求生命的意义，找准自己的定位，提高生命质量。

首先，引导学生树立正确的生命价值观，学会敬畏生命。人的肉体生命是提升精神生命、实现社会生命的基础。高职院校要通过案例分享、主题教育等方式引导学生认识到生命的唯一性、不可重复性，从而珍视自己的生命，同时也能平等地对待他人的生命；通过直面死亡，引导学生正确理解生与死，进而认识到生命的有限性，激发其对生命的尊重与敬畏。

其次，提升学生应对挫折的能力，培养生命担当。在生命存在的过程中，每个人都会经历各种挫折磨难和突发事件，正是生命体验的多样性拓展了生命的宽度。高职院校要通过给予成长中的学生更多关爱，帮助他们勇敢面对问题与困难，保持乐观平和的心态，不断强化生命意志力，在平凡的生活中创造新的社会价值。

再次，引导学生掌握应急事件处理常识，提高生存能力。常规的家庭

[①] 马克思,恩格斯. 德意志意识形态（节选本）[M]. 北京：人民出版社，2018：4.

与学校教育只是通过"不准"的方式颁布禁令，缺乏规避危险的安全常识教育。高职院校应充分利用军训、第二课堂等开展安全教育，提高学生对自然灾害、事故事件、社会安全事件等的认识，掌握必要的急救常识，指导他们在面对突发事件时冷静处理、规避风险、救人自救。

最后，引导学生树立健康的生活观，提升体质水平。健康是生活质量的基础，是人生最宝贵的财富之一。高职院校要引导学生培养良好的个人生活习惯，按时作息，劳逸结合，坚持体育锻炼，经常参加户外活动和娱乐活动，从而保持充沛精力、维护身心健康；引导学生学习健康知识和应急技能，预防疾病的发生与发展，提高学生的身体素质。

2. 情绪心理教育

情绪是身心健康不可或缺的重要因素。通过开展情绪心理教育，引导学生形成对人、对己、对事、对物的正确态度，保持健康乐观的情绪；引导学生掌握预防和调节不良情绪的方法，自我调节情绪，在愤怒的时候懂得如何制怒和宽容，在悲伤的时候懂得如何转移和发泄，在焦虑的时候懂得如何排遣和分散。

首先，普及心理健康知识，引导学生树立正确的心理意识。高职院校要通过心理健康教育课、"5·25"心理健康节、学校宣传栏和多媒体等途径普及心理健康知识，引导学生了解常见心理问题的主要表现，摸索自身调适方法，培养学生自我发现心理问题的能力和对待各种心理问题的科学态度，从而加强自我防范意识，促进自身的心理良性发展。其次，加强受挫心理教育，引导学生磨炼坚强意志。学生在日常生活、专业知识与专业技能学习过程中常常会面临挑战或挫败，教师与家长应扮演好陪伴者与引导者，帮助学生学会面对困难，解决问题，从而培养独立意识和吃苦耐劳的精神，增加应对困难的勇气，提升心理承受能力。最后，增强学习心理指导，引导学生培养学习兴趣。高职院校要通过经验交流座谈会、专题讲座等活动，帮助学生快速适应大学生活，找到符合个人特点的学习方式和习惯,在获取知识、技能与能力提升中增强自信,培养积极乐观的生活态度。

3. 网络心理教育

网络成为当今信息时代的常用工具。一方面,网络拓展了时空、丰富了资源,为人们的学习、生活与工作带来了很大的便利。另一方面,网络中不健康的信息不同程度地影响了高职院校大学生的心理健康,使其出现网络迷恋,甚至产生网络依赖心理,习惯于"人—机"对话式网络虚拟交往,忽视人与人之间的真实交往,产生新的人际交往障碍。网络给人类提供了一个自由开放的虚拟世界,但也容易使个体迷失在虚拟世界中,变得孤僻、冷漠。

首先,高职院校大学生要树立良好的自我意识。高职院校要引导学生进行正确的自我认识,主动发现自己的优点和长处,更要正视自己的缺点与不足,树立自信心,才不会依赖于网络的虚拟世界,也不会被网络的各种言论所左右。其次,高职院校大学生要营造积极健康的上网观念。高职院校要引导学生认清网络世界并非现实社会,网络世界同时充满诱惑与陷阱,高职院校大学生应该有正确的网络价值观,自觉遵守网络文明公约,拒绝网络不良信息,坚决抵制网络不文明行为,合理利用互联网,提升学习兴趣、扩展知识面。同时,鼓励学生学习一些实用软件,如 Photoshop、Flash 等,提升自我技能,通过创作展现个人才华,体验网络的真正乐趣。最后,高职院校大学生要培养良好的情绪调节能力。高职院校要鼓励学生根据学习要求和作息规律,控制上网时间,同时通过运动、出游、听音乐等方式远离网络环境,回归现实生活,放松心情,消除精神层面的疲劳,从而促进身心健康发展。

4. 恋爱心理及性心理教育

所谓爱情是一对男女基于一定的社会基础和共同的生活理想,在各自内心形成的相互倾慕,并渴望对方成为自己生活伴侣的一种强烈、纯真、专一的感情。高职院校大学生正值青年时期，其性生理成熟，性意识增强，他们渴望得到异性的关心，也会根据自己的情感追求喜欢的异性，爱情无疑是他们最为关注的话题之一。

首先，引导学生建立正常的异性交往，保持心理平衡。高职院校要鼓励学生积极参加集体活动，扩大社交范围，增加男女学生之间相互了解与交往的机会；鼓励学生在异性交往中构建合理的性别角色意识和性别行为模式，了解自身性别的责任和义务，在交往过程中自尊自律，相互尊重。其次，引导学生树立正确的恋爱观，增强爱的能力。高职院校要帮助学生摆正学业与爱情的关系，只有通过相互鼓励、共同进步，各自成长为更好的自我，爱情才会有最美的样子；鼓励学生勇敢面对恋爱，面对心仪对象敢于表达自己的情感，面对不合适的恋爱关系时选择正确的分手方式，面对对方的拒绝能够坦然接受；鼓励学生自觉遵守恋爱中的道德规范，尊重人格平等，自觉承担责任和文明相亲相爱。最后，引导学生树立正确的性价值观，增强性健康。高职学生生理的成熟决定了他们急切地想了解与性有关的实用知识，性生理与性心理的发展不平衡导致其内在矛盾日益尖锐，更多地通过媒体、学校、书籍、影视等渠道获得性知识。高职院校要注重学生性品德的培育，引导他们修正失范的性行为，有利于学生的性健康及社会稳定。

5. 就业心理教育

由于高校毕业生人数的逐年增加，高学历毕业生比例的逐年提高，高职教育社会认可度不够高，重学历、轻能力的用人观念普遍存在等原因，高职院校大学生的就业门槛在无形中被提高了。高职院校大学生面对与日俱增的就业压力，在择业过程中易出现自卑、不安、恐惧、逃避等心理。重视就业心理指导，对减轻学生心理负担、促进学生就业意义重大。

首先，树立正确就业观念，形成积极就业心理。高职院校要通过新生入学教育开展专业介绍，让学生对该专业所属行业有初步了解；开展职业教育周活动，将企业、校友、劳模等请进校园，通过榜样的力量，让学生进一步熟悉专业，并结合自身的特点思考个人的职业生涯规划；开展专业认知实习及顶岗实习，引导学生走进企业，通过实践锻炼，深入分析职业要求及自己的优、劣势，为真正步入社会成为职业人奠定基础。其次，指导职业生涯规划，塑造健康就业心理。高职院校要帮助学生进行自我探索，明确职业生涯期待，制定职业生涯规划；帮助学生塑造健康的就业心理，树立行业无贵贱的职业观、客观认识社会和评价自己的择业观、善于竞争敢于推销自己的竞业观。再次，培养创新创业意识，鼓励创业带就业。自主创业是帮助学生实现自我价值的最好就业，高职院校要通过举办创新创业比赛，培养学生的开拓创新和团结意识，锻炼其组织、管理和协调能力；开展创业指导，为学生的创业项目孵化提供相关服务。最后，培养良好职业道德，树立正确职业价值观。树立良好的职业道德观念，可以培养学生的集体主义精神、服务精神和创新精神，使其成为一个具有社会责任感、爱岗敬业的劳动者。高职院校要通过校规校纪严格规范学生日常行为，培养规矩意识，养成良好的行为习惯；将职业认识与职业规范贯穿专业理论知识与技能讲授，提升学生职业素养；鼓励学生参与社会实践，在知行合一中，提高自我修养，陶冶职业情感。

四、高职院校心理健康教育体系的构建策略

2020年，教育部等八部门印发的《关于加快构建高校思想政治工作体系的意见》提到的"日常教育体系"，对促进大学生心理健康提出了具体指导意见，包括把心理健康教育课程纳入教学体系，发挥多元主体育人作用，构建心理健康教育体系，同时强化心理问题的预防与干预，提升心理健康教育的科学性、前瞻性和针对性。构建新时代高职院校心理健康教育体系，将心理健康教育与思想政治教育有机融合，提升心理育人的思想政治教育价值，是高职院校育人工作的重要组成部分。

1. 形成育人工作合力，构建以学生为本的心理健康教育体系

构建"学校—学院—班级—寝室"四级学校心理健康教育体系。首先，学校心理健康教育与咨询中心完善工作流程、标准与规定，负责全校学生心理辅导、咨询与危机干预工作。各学院设立二级心理辅导站，帮助学生解决一般心理困惑。班级心理委员与寝室心理联络员，是学校心理健康工作的纽带与桥梁，他们与学生有更广泛的接触，能对心理异常情况早发现早干预。其次，注重团体心理辅导，通过开展人际关系改善、压力管理、情绪调节等团体辅导项目，强化分类指导，满足不同学生的心理需求。最后，开展个体咨询与辅导，采用网络、电话等途径，为学生提供及时有效的个体心理辅导，用贴心的服务赢得学生的信赖和支持。

构建"学校—家庭—机构—社会"四重社会心理服务体系。高职院校大学生的心理健康问题由多方面因素影响造成，拓宽心理健康教育平台，融合学校、家庭、机构、社会的力量，能达到更好的教育效果。首先，高职院校要加强家校沟通，形成教育合力，有效解决学生心理问题。不良的家庭环境是造成学生心理障碍和性格畸形的重要原因之一，学校或社会要通过开展家长培训，提高家长综合素质，树立正确的教育观，掌握正确的教育方法，为孩子的健康成长营造良好的家庭环境。其次，高职院校要主动争取与心理机构合作，开展心理健康主题讲座，组织主题团体活动，增加学生的心理健康知识储备；与精神卫生医疗机构建立定点合作，为学生提供医疗帮助。最后，高职院校大学生的健康成长须动员社会的力量，社会教育服务功能必须得到强化。政府部门要净化育人环境，关心学生心理健康，营造全社会关心教育、支持教育的良好氛围；社区和基层组织要运用社会工作方法，为弱势家庭学生排忧解难。

2. 遵循思政教育方向，构建多元心理教育教学体系

构建心理健康课程体系，促进知识传授、心理体验与行为养成的有机统一。首先，建立多层次的教育目标，结合学生的个体差异与学校人才培

养目标，优化课程设置。高职院校要根据《教育部办公厅关于加强学生心理健康管理工作的通知》文件精神，发挥课堂教学主渠道作用，开设心理健康公共必修课，实现心理健康教育全覆盖，开设心理健康选修课，开展有针对性的主题教育，帮助学生掌握心理健康知识和技能，树立自助、互助、求助意识，学会理性面对困难和挫折。其次，规范教学内容，创新教学方式，提升心理教学效果。高职院校要通过完善心理健康教学大纲，将心理学知识与人才培养目标、学生的实际需要相结合，优化教学内容，兼顾教学内容的深度和广度；通过角色扮演、游戏活动、团体辅导、心理情景剧等互动参与的形式，创新教学方式，激发学生学习兴趣，增强学生的体验感。

健全特色心理实践活动体系，促进心理健康教育与课外活动的有机融合。首先，高职院校要将心理健康教育融入校园文化建设，通过心理科普知识橱窗、心理知识竞赛、心理委员培训、心理活动展等实践活动，开展心理知识宣传活动，以潜移默化的方式增强学生心理知识认知；结合"3·25善爱我""5·25我爱我"心理健康季、迎新季、毕业季等开展主题活动，以学生主动参与的方式在实践中见真知；建设心理健康教育新媒体平台，将思想性、知识性、趣味性、服务性集于一体，以学生喜闻乐见的方式传递心理健康知识，从而占领网络心理健康教育新阵地。其次，高职院校要充分发挥体育、美育、劳动教育的重要作用，全方位促进学生心理健康发展。学校要严格执行开设体育课、美育课与劳动教育课程要求，保证足够的教育课时。学校第二课堂要积极推广中华优秀传统文化项目，开展普及性体育运动、丰富的艺术实践活动、具有专业特色的劳动教育活动，让学生在活动中感受生活的美好，从而珍视生命、热爱生活。

3. 加强过程管理，完善心理危机预防干预体系

加强危机干预，提升及早发现心理危机能力。首先，高职院校要强化心理危机排查与科学干预，借助"中国大学生心理健康筛查量表"和"心

理健康网络测评系统"等专业工具，定期开展学生心理健康测评工作，提升预警工作的科学性与前瞻性；对心理异常学生分类甄别，制定"一人一策"，及早实施精准干预，提升干预转介工作的针对性。其次，高职院校要健全完善"学校—学院—班级—宿舍/个人"四级心理预警网络，充分发挥辅导员、班级心理委员、寝室心理联络员等群体在大学生心理危机干预中的作用，及时发现心理异常情况。最后，高职院校要加强心理咨询辅导服务，强化心理咨询服务平台建设，设立心理辅导室、心理咨询室、情绪宣泄室、团体活动室等开展个体咨询与团体辅导；开通阳光心理援助热线、网络预约专线和咨询邮箱等，通过线上线下相结合的方式，做好24小时常态化心理咨询服务，对求助者及时进行心理危机干预。

加强结果管理，提高心理危机事件处置能力。首先，高职院校要加强对重点学生群体的关注，针对家庭经济困难、学业警示、就业困难、专升本失利等学生，切实做好教育引导、心理疏导与人文关怀，把解决思想问题、心理问题与实际问题相结合，让学生学会积极面对。其次，高职院校要与家庭、专业机构协同联动处置心理危机事件，充分发挥家长的监护人职责与精神卫生医疗机构的专业支持作用；要在政府部门指导下处理突发事件，做好善后工作，避免带来不良社会影响。

4. 加强保障管理，健全心理健康教育运行机制

加强组织领导，健全心理健康教育运行机制。首先，心理健康是学生健康成长的重要因素，高职院校要树立"发展和预防"的心理健康教育理念，提升学生的心理素质，维护学生的心理健康，促进学生的人格完善，帮助学生实现自我价值。其次，心理健康教育工作机构是开展心理健康教育的必要前提，高职院校要成立负责整体工作规划的领导工作小组，成立开展专业心理健康教育与提供心理咨询服务的大学生心理健康发展中心，成立开展心理自助及心理互助的由学生和教育教学人员组成的学生社团等，明确责任分配，落实任务到人。最后，心理健康教育是一项系统工程，

涉及日常教育、课堂教学、活动组织、危机干预等内容，高职院校要完善心理健康教育工作的相关制度，确保心理咨询老师、辅导员、任课教师等教育工作者在工作上相互补充，将心理危机预防、心理危机干预、心理健康发展相结合。

加强师资建设，打造心理健康教育工作队伍。首先，心理健康教育是一项专业性很强的工作，高职院校要建设一支以专职教师为骨干、专兼结合、专业互补、相对稳定、素质较高的大学生心理健康教育和心理咨询工作队伍，严格按照师生比不低于1∶4 000 的比例配备专业教师，同时将具有心理健康知识背景的兼职教师作为补充，对保证学校心理健康教育的质量尤为重要。其次，高职院校要重视思想政治教育工作人员的心理健康教育工作能力的提升，特别是对辅导员和班主任开展心理健康教育基本知识和技能全覆盖培训，通过专题培训、专业学习等方式增长其专业理论知识，提升其专业实践能力。最后，高职院校要完善心理健康教育考核激励机制，通过评优评先的方式全面调动心理健康教育工作队伍的工作积极性与主动性，全面提高学校的心理健康教育工作水平。

五、小结

高职院校是我国职业人才培养的重要阵地，心理健康教育是职业人才培养教育的重要部分。随着国家对心理健康教育越来越重视，高职院校应该顺应时代的发展，不断加深对心理健康教育重要性的认识，丰富心理健康教育工作内容，构建心理健康教育工作体系，努力推进学校心理健康教育工作朝着系统化、科学化和规范化的方向迈进，培养学生健康心理，提高学生综合素质，促进学生全面发展。

六、实践分享——二级学院朋辈教育项目

朋辈群体是大学生成长成才过程中的重要影响因素，朋辈教育是高校育人载体中的一种隐性教育资源。高职院校可以通过从高年级学生中选拔

品质优秀、综合素质好、热心助人的学生，在进行一定的培训后，以朋辈的身份，融入低年级学生，用他们的经验、知识技能和热心，引导低年级学生树立正确的世界观、人生观和价值观，帮助他们解决生活学习等方面的问题。发挥朋辈教育在高职育人工作中的作用，有助于增强学生自我教育、自我管理和自我服务意识。

1. 组建朋辈教育工作队伍

朋辈教育者多为高年级学生及优秀校友，高职院校要建立朋辈教育队伍管理制度，明确遴选方式、培养与管理措施、考核与激励手段，鼓励更多的优秀学长主动投入到该项工作中来。

首先，高职院校要重视"榜样的力量"，鼓励学生群体中具有标杆示范作用的学生，如学业拔尖代表——国家奖学金获得者，技能达人——技能竞赛奖项获得者，综合素质代表——优秀学生个人，生活自强代表——就业创业典型、自立自强先进个人等，加入朋辈教育队伍。高职院校要重视学生党员与学生干部的模范带头作用，通过落实学生党员联系班级、入党积极分子联系寝室制度，班团干部民主选举制度等措施，为具有主动服务同学意识的优秀学生提供助人的机会，从而促进自身的发展。其次，高职院校要重视对朋辈教育队伍的培养与监督，通过开展培训班、拓展训练、专题讲座等方式，对其进行心理健康知识、人际关系等方面的培训，从而增强朋辈教育队伍的工作能力；通过定期开展工作交流会等方式，对其工作方式与方法进行指导，从而提高朋辈教育队伍的工作成效。最后，高职院校要加强对朋辈教育队伍的激励，通过将朋辈教育工作纳入评优评先和推优入党的附加考量指标，对工作表现优秀者予以表彰奖励等方式，增强朋辈教育工作队伍的吸引力，促进朋辈教育工作队伍的成长与壮大。

2. 搭建朋辈教育工作平台

朋辈教育工作队伍为高职院校育人工作补充了工作力量，在新生入学教育、大学生心理健康教育、困难学生学业帮扶、毕业生就业指导等方面为学生提供良好的榜样指引。

  首先,搭建新生班级朋辈工作平台,选聘新生班级朋辈,协助辅导员做好新生第一学期的教育管理工作,帮助新生尽快熟悉校园环境,适应校园生活,做好学习生涯规划等,顺利完成角色转变。其次,搭建心理帮扶朋辈工作平台,通过对心理帮扶朋辈教育工作队伍开展专业的指导和培训,发挥他们在心理健康知识传播、心理健康教育活动组织、朋辈互助等方面的重要作用。再次,搭建学习互助朋辈教育工作平台,通过开展学习经验交流会、技能技术展示等活动,分享学习经验,激发学生的学习兴趣;鼓励与学习困难学生开展"一对一"或"一对多"的结对帮扶,解决学生的学习难点,提升学习成绩。最后,搭建就业指导朋辈工作平台,通过打造校友直播间,邀请优秀校友聊一聊职场那些事儿,帮助学生增强对未来职业发展的认识;开展毕业生心理辅导,毕业季系列主题活动等帮助学生调适就业压力,积极面对未来;开展简历撰写、面试技巧、职场礼仪、职场社交等专题培训,帮助学生提高应聘技巧与职场技能。

第七章

管理育人：高职院校管理育人工作能力提升路径探析

管理育人是加强和改进大学生思想政治教育的重要途径，不仅关系学生的全面成长，更对培养技术技能型人才，培养大国工匠、能工巧匠有着积极意义。《高校思想政治工作质量提升工程实施纲要》提出，要切实强化管理育人，"把规范管理的严格要求和春风化雨、润物无声的教育方式结合起来，加强教育立法，遵守大学章程，完善校规校纪，健全自律公约，加强法治教育，全面推进依法治教，促进教育治理能力和治理体系现代化，强化科学管理对道德涵育的保障功能，大力营造治理有方、管理到位、风清气正的育人环境"①。近年来，我国高等职业教育快速发展，学生数量迅速增加，社会对技术技能人才的需求也在不断增加。在新的形势和任务面前，高职院校要正确认识和分析高职学生的特点，牢固树立管理育人理念，提高学生管理水平，营造良好的育人氛围、创造良好的育人环境、落实立德树人根本任务。

一、管理育人的内涵与意义

（一）管理育人的内涵

管理是指在一定的环境下，管理者对组织所拥有的资源进行计划、组织、领导和控制，既有效率又有效果实现组织目标的过程。管理育人是指高校这一专业教育主体所产生的一系列管理活动，其内涵可以从三个方面来理解。第一，管理育人的主体是高校管理部门及其管理人员、任课教师、图书管理员以及后勤人员等，通过合理地组织人力、物力、财力以及其他要素，实现学校办学和育人目标，促进学生的成长和进步。第二，管理育人的内容是思想政治教育和德育，高校通过管理活动，提高学生的思想境界、政治素质和道德水平。第三，管理育人的媒介是管理活动，通过管理活动实现育人的目的。因此，"管理"即管人理事，"育人"即培育人才。

---

① 中共教育部党组关于印发《高校思想政治工作质量提升工程实施纲要》的通知[EB/OL].（2017-12-05）[2023-04-28]. http://www.moe.gov.cn/srcsite/A12/s7060/201712/t20171206_320698.html.

管理育人是一种教育思想,也是一种教育过程。教育思想即是对管理育人的教育教学活动的理解和认识,对管理育人的实践产生影响;教育过程即是在教育思想指导下开展管理育人的实践过程,是高校在教育教学活动中通过管理行为,对学生加以积极影响,使学生政治素质、思想观念和道德品质等方面符合管理要求和育人目标。

(二)管理育人的主体和客体

1. 管理育人的主体

管理育人工作必须由一定的组织或个人推动完成,如果缺少特定主体,那学校的管理职能和育人目标也就无法实现。管理主体是指在管理活动中承担和实施管理职能的人或组织,包括各级各类领导者、管理者和各种管理机构。学校的管理活动通过管理人员具体实施,对学生的思想政治、学习观念、生活方式、心理健康等进行教育引导。管理育人主体由于职能分工不同、管理目标存在差异,可以分为以下几类:一是制定教育管理制度、评价监督教育工作的各级教育行政主管部门,这是高层次的管理育人主体,为管理育人工作的开展提供政策和组织保障,在管理育人过程中起着全局性的作用。二是对教育方针政策进行传达和实施的各高校领导班子,这类主体对所在学校的教育管理工作负责,在传达和实施教育方针政策的过程中,制定和完善符合本校管理实际的制度,落实人才培养目标。三是负责具体管理工作的管理工作人员,这类主体包括辅导员、班主任、教学秘书等群体,主要承担的是学生事务性的管理工作。四是学生组织,这类主体主要以学生群体的形式展现出来,包括学生会、自律委员会、艺术团等,学生通过参与学生组织,促进自我发展和进步,实现自我管理、自我服务、自我教育、自我监督。

2. 管理育人的客体

在管理育人工作中要明确"谁来育",也要明确"培育谁"。明确管理育人客体的基本范畴，可以区分管理育人工作的受众目标，是学校有效履行工作职责实现育人目标的保障。管理客体是指进入管理认识和管理实践范围的管理活动的作用对象，包括财、物、时间、空间等自然客体，人、组织、阶级、政党、国家等社会客体。管理育人工作的客体有人也有物，要正确认识管理育人工作的客体差异，坚持以人为本的原则。管理育人客体可以分为以下三类：一是有人有物的综合客体，管理活动不仅仅作用于直接客体——在校学生，也作用于间接客体——学生所处的环境载体与物质条件，管理行为可以实现对学生的直接教育管理，也可以影响和改变学生所处的环境载体与物质条件，间接实现管理育人的目标。二是涵盖部分主体在内的社会客体，管理育人主体中的管理工作人员，不仅发挥着管理职能，也会受到管理行为潜移默化的影响，产生思想观念、政治素质、道德品质的再塑造。三是管理育人工作中的关系客体，以学生为载体的正式群体和非正式群体，与学生个体密切相关，学校的管理工作对与学生相关的人、物、团体也会产生影响，凸显了教育管理功能的间接性。

（三）管理育人的意义

1. 管理育人能推进和加快现代大学制度建设

管理为了育人，育人依靠管理，加强管理工作是高校发展的必由之路，也是现代大学制度建设的重要内容。管理和育人的结合是人才培养与管理思路的拓展，能够有效推进现代大学制度建设。教育改革要以理念的更新为基础，把管理放在学校工作的突出位置，通过实现自我发展和自我约束机制的统一，深化高等教育的改革创新。通过管理工作实践，及时发现并解决学校管理工作中存在的问题，优化管理制度，实现学校内部治理体系的改革与完善，推进学校的科学发展；通过提高管理工作实效，推动教育教学质量体系建设，促进学校内部资源和外部资源的整合。

2. 管理育人能有效增强管理效能

育人是管理的内在要求，学生思想政治素质的提高、价值观的养成和文明行为表现体现了管理育人的有效性。管理育人有助于实现学校的管理职能，可以促进教育管理者对教育对象的了解，完善管理方法、更新管理作风，提高管理工作质量。管理育人有助于增强学校的工作效能，学校具有计划、组织、协调、指导、提高等管理职能，通过管理制度设计，明确部门工作职能，细化部门工作内容，明确工作人员岗位职责，倡导"分工不分家"的工作理念，营造相互支持合作的良好工作氛围，提高管理工作水平。

3. 管理育人能提高人才培养质量

立德树人是教育的根本任务，人才培养是高校最重要的使命，管理者在人才培养过程中，发挥着桥梁和纽带的作用。管理者通过制定规章制度，引导、规范和约束学生的言行，让学生的思想观念、政治素质、道德品质符合学校育人目标和学生发展要求。管理者通过教育教学活动，发挥自己在教育管理过程中的积极性，潜移默化地影响学生，对学生的行为习惯进行引导，帮助学生形成正确的价值观念。管理者通过开展学生管理活动，改进管理工作方法，提高管理工作水平，从而营造良好的育人环境和育人氛围，提高人才培养质量，实现管理育人目标。

二、高职院校管理育人的现实困境与原因

（一）高职院校管理育人的现实困境

近年来，围绕育人工作中心任务，高职院校管理育人工作不断发展进步，育人功能不断发挥。但是，还存在一些不容忽视的问题。

1. 管理育人制度有待完善

管理育人的核心在于制度，高职院校开展管理育人工作要以制度为前

提。当前，高职院校部分规章制度不能适应新形势和新要求，传统的管理思路是为了管而管，对学生的基本要求就是不出问题，出现问题就采取简单的处理方式，没有根据现实要求科学制定管理制度，忽视了教育原则。首先，部分高职院校在管理制度的制定上，忽视了学生的作用，管理制度的制定没有建立学生参与的长效机制，学生缺乏参与学校管理的意识，学生知情权、参与权受到影响。其次，部分高职院校缺少管理育人工作制度，学生管理工作纷繁复杂，缺少管理育人制度和管理育人的标准，很难明确各管理工作岗位的育人职责，缺乏竞争与激励机制。这就要求高职院校在制定管理育人制度时要多维度、全方位思考，与时俱进、不断创新。

2. 管理育人意识有待增强

当前，虽然高职院校管理育人工作队伍建设整体态势良好，但是部分管理人员的管理育人意识有待增强。首先，部分管理人员对工作认识不到位，不能厘清管理职能和思想政治教育的逻辑关系，忽视了管理工作的育人功能，粗浅地认为学生教育管理是任课老师、辅导员的任务，自己不承担育人职责，单纯地做好自己的行政管理工作即可。其次，部分管理人员对全员育人的理念认识不够，对管理育人范围的认识存在偏差，没有将自己作为育人主体中的一分子，没有把工作职责转化到实际的育人工作中去，造成管理育人主体的部分缺失，降低了育人成效。这就要求高职院校要转变育人观念，构建全员、全过程、全方位的育人格局。

3. 管理育人方式方法有待创新

在经济全球化的背景下，学生的思想逐渐多元化、个性化，这就对管理育人的方式方法提出了新的要求。当前，部分高职院校的管理育人方式方法没有完全适应新形势和新要求，管理人员不能及时更新工作理念及方法。首先，部分高职院校为方便开展管理工作，将管理工作划分给若干职能部门，没有做好统筹协调，往往存在一个问题多部门管理或一个部门负责多个问题，该管的没有管好、不该管的却必须要管，管理行为不能取得预期的育人成效。其次，部分高职院校将管理和育人分割开来，只重视学生日常事务性管理，忽视了学生道德品质和心理素质的培养，没有把握学生成长成才的特点及规律，缺乏育人工作耐心，没有发挥主观能动性，削弱了管理育人成效。

4. 管理人员素质有待提升

管理人员的素质关系着育人工作职责的履行，同时也影响着育人工作的成效。当前，部分高职院校管理育人的主体还是辅导员、班主任，其他管理人员的育人自觉性和使命感不强。首先，高职院校管理人员管理水平存在差异，部分管理人员往往依靠工作经验来发挥管理职能，专业知识和管理技能有待提升；部分管理人员常常陷入大量的事务性工作中，心有余而力不足，对这类管理人员提出育人要求是不符合实际的。其次，部分高职院校管理人员缺乏专业化系统性的培养，特别是缺乏专业管理知识技能和思想政治教育知识，不懂思想政治教育的方式方法，加之自身的思想认识不足，影响了管理育人成效。

（二）高职院校管理育人现实困境的原因

新形势下高职院校管理育人存在的问题，影响着育人工作的开展和育人目标的实现，反思问题的本源，对于高职院校管理育人能力的提升有着积极意义。

1. 内部因素影响

学校内部因素的影响主要集中在决策层面和执行层面。作为教育学生的主阵地，学校的规章制度、体制机制、校园环境等因素都会影响管理育人工作的开展。首先，部分高职院校学校的制度设计及管理模式不能有效适应人才培养要求，在制定政策时没有根据新形势新要求做出适时的调整，不能与学生多元化发展的需求有效契合，在管理育人的实际工作中多处于被动状态。其次，部分高职院校缺乏管理育人成效的考核评估。考核评估能够客观反映出管理育人工作成效,可以为管理人员提供源源不断的动力,明确工作中存在的问题和不足,对于后续工作的改进具有重要作用,这就要求学校完善考核评价机制,科学履行职责。再次,部分高职院校管理人员工作能力不足,由于人员流动及岗位知识技能培训较少等,管理人员的专业能力和职业素养不能得到有效提升。最后,部分高职院校缺乏良好的校园环境。校园硬件设施、校园文化氛围、校风学风等都是校园环境的表现形式,校园环境的变化会深刻影响学生的生理和心理状况。高职院校要强化环境育人意识,营造良好的校园环境,让学生不知不觉、自然而然地接受熏陶。

2. 外部环境影响

家庭和社会是影响管理育人效果的两个主要外部因素。首先,家庭状况对学生的影响是最为深刻的,部分家长认为学生送到学校后学生的管理就是学校、老师的责任,不能配合学校做好学生的管理工作,影响了育人效果。其次,社会对学校教育的期待不断提高,要求学生专业化、职业化,学校招生人数不断增加,学校规模也在不断扩张,人才培养不能及时对接工作岗位要求。同时,受社会中充斥的西方多元文化的影响,学生的价值观念和道德选择出现了偏离,对高职院校的管理育人工作提出了新的挑战。

三、高职院校管理育人工作能力提升的路径

管理育人是一项实践活动,高职院校管理育人的主体必须深刻认识管理育人工作的科学内涵,积极改进管理工作方法,提升管理工作能力,做到"在行政管理中育人、在教学管理中育人、在生活管理中育人"。

(一)优化管理制度

制度建设是推进管理育人工作的基础条件,高职院校应根据相关法律法规,制定学校管理制度及规范性文件,建立健全管理育人制度体系。让

管理工作制度化和规范化,是开展管理育人的重要内容,也是管理育人的重要手段。首先,全面审视学校章程。学校章程属于学校制度的顶层设计,高职院校要根据人才培养的新形势和新要求,对现有的学校章程进行全面审视,包括审视章程是否具有合法性、合理性,章程是否有利于开展管理工作,是否有利于发挥管理功能,是否有利于实现育人目标,及时修改或废止章程中不适应新形势新要求的内容。其次,完善学校规章制度。学校规章制度包括学校教育管理制度、学生日常管理制度、实习实训管理制度等。高职院校制定管理规章制度,要明确岗位职责,从而保障学校教育教学、服务管理各个环节有规可依、有据可查,同时要根据实际情况对规章制度进行适时修订,强化可操作性和实效性。最后,开展规章制度的学习教育。高职院校要通过入学教育、专题讲座、主题班会、校园广播等形式,营造学习规章制度的良好氛围,加深师生对规章制度的了解和掌握,引导和规范师生的言行,让制度入脑入心,实现严格管理、科学育人。

（二）强化管理育人理念

转变思想观念,加深工作认识是开展管理育人工作的前提。高职院校管理的本质是育人的管理,要通过更新育人观念,重视对育人工作的理解认识,掌握管理育人的思维方法,促进育人成效的提升。首先,高职院校要强化"以学生为本"的育人理念,把培养德智体美劳全面发展的高技能人才放在第一位,以学生为中心,培养学生的专业知识和技能水平;关心爱护学生,帮助学生解决学习、生活、就业等方面的具体问题;尊重学生的主体地位,引导学生通过参与民主管理,发挥学生的积极性与创造性。其次,高职院校要树立全员、全方位、全过程育人理念,发挥育人的合力作用,相辅相成、相互促进。学校通过调动教职工的积极性和主动性,强化管理育人的使命感和责任感;推动家庭和社会参与学校管理育人工作,创造良好育人环境。最后,高职院校要树立"管理即服务"的理念,管理不是为了控制,管理是为了更好的服务。高职院校通过明确角色定位,强化育人意识，让管理育人主体走到学生中去，严格履职尽责，真正担负起管理育人、服务育人的重任，做学生成长成才的指导者和引路人。

（三）革新教育管理方法

创新方式方法是提高管理育人工作效率的首要任务。高职院校要创新管理思维，根据时代发展的要求，形成与时俱进的工作思路和管理模式，具体问题具体分析；要坚持以学生为本的工作原则，深入管理工作实际，了解学生发展规律，注重制度化管理和人性化管理的结合，采取科学有效的管理育人方法。首先，高职院校要优化管理育人工作方式，利用校园网络平台打造线上育人新模式；挖掘优质教育资源，发挥优秀校友、行业先进模范、企业行家里手等的榜样作用，发挥育人的合力作用。其次，高职院校要开展管理育人实践活动，结合职业教育的育人目标和学生的心理行为特点，开展学生喜闻乐见的实践活动，将管理工作渗透到实践活动中；建立和完善学生组织，通过学生代表大会、学生社团等方式，提升学生干部的工作能力和影响力，增强学生自我管理教育能力。

（四）提升管理人员素质

管理人员是管理育人的主体，提升管理人员素质是做好管理育人工作的关键所在。高职院校要抓好管理人员队伍建设，加强思想政治教育工作，建设一支素质优良、作风过硬、敢于担当的管理人员队伍。首先，高职院校要对管理人员开展管理学、心理学、组织行为学、专业知识等方面的培训，提高管理人员的业务素质和理论水平，既懂专业又懂业务；管理人员要自觉接受教育管理，提升自我素养，面对新形势新要求，管理人员要把新理念、新方法运用于管理工作中，实现管理经验与管理知识的有效结合。其次，高职院校要严格管理人员的入职条件，把好入口关，对参与选聘人员进行充分考察，了解选聘人员的期望与需求，提出清晰的工作要求和工作目标，聘用综合素质较高的人员从事管理工作。

（五）营造和谐育人环境

和谐的育人环境对于推进管理育人工作有积极意义，高职院校的自然环境和社会环境都会对学生的思想观念、道德品质有着不同程度的影响。首先，从自然环境上看，学校的设施设备、建筑场所、道路树池等都是学校自然环境的体现，是学校开展各类教育教学活动的重要阵地。高职院校要对校园合理规划布局，创造建筑景观一体的优美环境；开展垃圾分类工作，保护校园环境卫生，打造干净整洁的育人场所；开展教室、宿舍环境的美化活动，形成良好的学习与生活环境；加强校园环境卫生管理，倡导爱护环境人人参与。其次，从社会环境上看，包括学校的政治环境、经济环境、文化环境等。高职院校清明的政治环境有利于学生形成正确价值观，要坚持同侵害学生利益的行为作斗争，及时解答学生及家长的疑问，自觉接受学生及家长的监督。高职院校要营造公平公正公开的校园经济环境，有效整合教育资源，合理使用教育管理经费，加大对学生管理工作的投入力度，特别是对家庭经济困难学生的资助。高职院校要加强校园文化建设，通过标语、雕塑、宣传栏等形式展示和宣传行业的发展前沿、企业的先进技术、优秀的劳动精神及学校的校风、学风、道德风尚等，营造高尚健康的人文氛围；开展专业技能竞赛、科学知识普及、文艺晚会、运动会、经典诵读等校园文化活动，让学生在活动中增长知识、开阔视野。

四、小结

管理育人是高校发展的不竭动力，在新形势下深入推进管理育人工作，符合时代发展需要，同时也会直接影响人才培养质量。高职院校要把握管理育人的内涵，充分认识到管理育人的重要意义，明确管理育人的要求，掌握管理育人方法，根据时代发展的新要求，坚持管理和育人相融合，将育人目标落实于管理工作，努力开创管理育人新格局。

五、实践分享——二级学院开展学风建设项目

《教育部关于切实加强和改进高等学校学风建设的实施意见》指出："学风是大学精神的集中体现，是教书育人的本质要求，是高等学校的立校之本、发展之魂。"重庆城市管理职业学院民政与社会治理学院开展学风建设项目，引导学生养成良好学习生活习惯，激发学习积极性和主动性，提高自我解决问题的能力。

（一）项目内容

（1）实施"迎新季"活动。通过主题班会、入学教育大会、专业教育、新老生见面会等形式开展新生入学教育，帮助新生适应角色转变，明确生涯规划，迅速融入大学生活。

（2）实施"榜样引领工程"。邀请"十大优秀学生标兵"等优秀学生开展报告会，讲述自己的故事，以"身边事"感染"身边人"；邀请优秀校友开展大讲堂，分享学习过程、职业发展等成长经历，用他们的成长增强学生的自我效能感。

（3）实施"一对一"帮扶行动。教职工结对帮扶学习困难、心理障碍学生，一人一策；开展求职面试指导、专升本考试辅导、心理咨询等服务，力争"每日一联系、每周一总结、每月一提升"，为困难学生提供360度暖心服务。

（4）实施"网格化"内务管理工程。制定《学生宿舍管理规定》开展宿舍网络化管理；成立"学风督察"小组，检查寝室归寝情况；开展"流动红旗"寝室评比，强化宿舍内务整治。

（5）实施"实践出真知"计划。依托"创客大讲堂""众创空间"等平台为学生提供创新创业、专业技能培训，指导学生参加竞赛；开展志愿服务活动，为学生提供实践锻炼机会，提升社会实践能力。

（6）实施"助人自助"工作坊。依托专业课程"社工小组"建立工

小组，定期开展情绪管理、人际关系、音乐成长等小组活动，激发学生的学习积极性和主动性。

（7）实施"专升本"成功上线计划。开展"专升本"考试及复习主题讲座、校友经验分享活动，组建专升本互助群，帮助学生明确学习目标，掌握科学学习方法。

（二）项目效果

1. 整体学风明显好转

学院学风明显好转，缺勤、迟到、早退百分比平均下降45%，部分班级自发组织早晚自习，考试无违纪现象；学习成绩显著提升，成绩通过率为96.05%；专升本成绩提升，2021年专升本上线率为75.36%，同比增长3.26%；学生积极参加创新创业等比赛，获得第六届中国国际"互联网+"大学生创新创业大赛重庆赛区选拔赛银奖1项、铜奖5项、优秀奖2项。

2. 读书氛围渐显特色

学院开展读书主题活动，通过品味耐心"读"、带着感情真心"学"、融会贯通用心"悟"，将经典内化于心。通过"品读经典，锤炼党性"读书会学习《习近平的七年知青岁月》，以习近平总书记为光辉榜样，培养学生"有追求、能吃苦、爱学习、办实事、重仁义、敢担当"的模范品质；通过"不忘初心，薪火相传"读书会观看微视频、学习经典，鼓励学生志存高远、脚踏实地、立足岗位；开展"朗读者"主题活动，师生在诗歌朗诵中提升精气神。

（三）树立学习先进典型

学院树立了一批先进典型。在重庆市普通高校2020年学生先进个人和先进集体评选活动中，学院有21名学生被评为市级先进个人，1个班被评选为市级先进班级；在重庆市2020年高校文明公寓和文明寝室创建活动中，学院有两个寝室分别被评为"重庆市高校党员示范型特色寝室"与"重庆市高校文明寝室";在2020年度奖学金评选中,学院有2名学生获得国家奖学金,64名学生获得国家励志奖学金;2019级社区专业第一团支部获得"全国活力团支部"荣誉称号。

第八章

服务育人：立德树人背景下高职院校公寓服务育人创新

党的十八大报告首次将"立德树人"明确为教育的根本任务，党的十九大报告提出"落实立德树人根本任务"，党的二十大报告强调"育人的根本在于立德"。"立德"和"树人"是辩证统一的。"立德"重点强调的是"立"，立的是社会公德、职业道德、家庭美德、个人品德，通过正面、积极、主动的德性教育，产生德性意识，表现德性行为。"树人"重点强调的是"树"，树的是社会责任感、创新意识、实践能力，通过因材施教来塑造学生的人格、培养学生的家国情怀、提升学生各方面的综合素质，使其成为具备完整人格、健全心智、高尚品格和崇高道德修养的社会主义建设之人。立德树人就是要坚持"立德"与"树人"的高度统一，为社会培养道德正能量的人。

大学生公寓是由学校或社会力量投资共建的基础设施齐全、基本生活用具完备、环境条件舒适，用于学生课外学习、生活、交友、娱乐的重要场所和空间，是集学生社会能力提升、良好习惯养成、健全人格塑形等功能于一体的区域。高校学生公寓是学生学习、生活和发展的主要活动场所，具有休息、学习和交流三大功能，是学校引导大学生进行自我管理、自我教育、自我监督、自我服务、自我成长、自我成才，实现立德树人教育目标的重要阵地。随着高职院校学生的扩招，学生公寓住宿人员增多，公寓管理难度不断加大，公寓服务育人发展的瓶颈问题也愈发凸显，强化公寓服务育人主体的育人意识、服务意识和管理意识，创新公寓服务，打通育人"最后一公里"显得非常重要和紧迫。

一、服务育人的内涵与理论基础

（一）服务育人的内涵

关于"服务"，马克思是这样界定的："服务这个词，一般地说，不过是指这种劳动所提供的特殊使用价值，就像其他一切商品也提供自己的特殊使用价值一样；但是，这种劳动的特殊使用价值在这里取得了'服务'

这个特殊名称,是因为劳动不是作为物,而是作为活动提供服务的。"①从马克思的观点看,服务是一种具有使用价值的商品,是使他人受益的一种有偿或者无偿的活动。服务本身不具备育人功能,在学校的教育教学过程中,由于教育主体与教育客体之间特殊的教育关系,服务被赋予育人内涵。"服务育人"从字面意思解读就是通过服务来达到育人的目的,指的是把服务作为一种育人的方式和载体,通过服务的供给性和奉献性来引导被服务对象在个人学习、生活和个人品质的养成等方面产生共振,赢得被服务对象的赞同和认可,对被服务对象的思想和行为产生不同程度正面影响的教育行为,使被服务对象形成正确的世界观、人生观和价值观。服务育人是促进被服务者实现自我价值和社会价值的有效途径,是对传统教育方式的一种良好补充。根据《高校思想政治工作质量提升工程实施纲要》,服务育人要"把解决实际问题与解决思想问题结合起来,围绕师生、关照师生、服务师生,把握师生成长发展需要,提供靶向服务,增强供给能力,积极帮助解决师生工作学习中的合理诉求,在关心人、帮助人、服务人中教育人、引导人"②。

(二)服务育人的理论基础

1. 马克思主义关于人的全面发展理论

马克思主义关于人的全面发展理论为高职院校公寓服务育人提供了重要的理论基础和科学的实践前提。马克思在《1844年经济学哲学手稿》中全面阐述了人的自由发展思想,即人的发展是"人以一种全面的方式,也就是说,作为一个完整的人,占有自己的全面的本质"③。从马克思的论

---

① 马克思,恩格斯. 马克思恩格斯文集:第八卷[M]. 北京:人民出版社,2009:409.
② 中共教育部党组关于印发《高校思想政治工作质量提升工程实施纲要》的通知[EB/OL].(2017-12-05)[2023-04-28]. http://www.moe.gov.cn/srcsite/A12/s7060/201712/t20171206_320698.html.
③ 马克思,恩格斯. 马克思恩格斯全集:第四十二卷[M]. 北京:人民出版社,1979:123.

述中可以看出，作为个体的人，只有个人的主体活动都得到充分的发展、满足与实现，才能真正成为自身的主人，实现自身自由而全面的发展。高职院校公寓服务育人实践是马克思主义关于人的全面发展理论的具体运用。马克思主义认为，人是社会实践的主体，既被现实社会所塑造，又在推动社会进步中实现自身发展。高职院校公寓服务育人正是在集体环境的影响和作用下，实现学生自身能力的提升、自我良好习惯的养成和自身健全人格的形成，使学生不仅得到物质方面的满足，更得到精神方面的满足。在服务育人过程中引导学生根据个人的特长和爱好兴趣，实现个性化的发展，真正将大学所学内化为素质要求，外化为自觉行动，最终实现全面发展和健康成长，体现了马克思主义"人的全面而自由发展"的基本内涵。

2. 协同育人理念

新时代高校立德树人工作理念的推动与落实，为高校的思想政治教育工作提供了重要的依据和发展的道路方向，协同育人理念是落实立德树人根本任务的题中应有之义。首先，立德树人是一项复杂的系统性工作，它内在地包含许多育人子系统之间的相互配合和相互竞争。唯物辩证法指出，整体统率着部分，部分以合理结构形成整体，就会实现"1+1＞2"的效果。高职院校公寓服务育人工作要着眼于整体，树立全局观、系统观和整体观，同时整合系统内部各个要素，综合施力，确保各要素同向协调运行。其次，高职院校公寓服务育人工作以协同满足学生成长的深层次需要为目的。恩格斯指出："许多人协作，许多力量结合为一个总的力量，用马克思的话来说，就造成'新的力量'，这种力量和它的一个个力量的总和有本质的差别。"[1]公寓服务育人要综合各方面的力量来满足学生的个性化发展需要，做到因事而化、因时而进、因势而新，使学生的发展与国家和社会的发展同频共振，为高职院校实现立德树人目标注入源源不断的力量。

---

[1] 马克思，恩格斯. 马克思恩格斯选集：第三卷[M]. 北京：人民出版社，1995：469.

第八章 服务育人：立德树人背景下高职院校公寓服务育人创新

二、高职院校公寓服务育人的现实困境

学生公寓是学生课外学习生活的重要场所，是学生社会能力提升、良好习惯养成、健全人格塑成的主战场，同时也是学生矛盾、冲突高发的风险区，尤其在高职院校扩招和职业教育迎来发展的大背景下，学生公寓的管理面临较大的挑战。

（一）思想重视不充分

思想决定行为，行为决定结果。首先，公寓服务育人功能的发挥需要学校多个职责部门的相互配合，部分高职院校与学生服务相关的工作隶属于不同的职能部门，存在着领导机构不明确、领导机制多层次、工作开展多渠道等情况，容易出现工作分工不清、工作职责不明、部门间推诿的现象，导致出现工作重复，信息遗漏以及学生的问题得不到解决的结果。其次，部分高职院校的公寓服务被认为属于后勤工作的一部分，从而重"管物"而轻"育人"，只负责公寓学生生活的基本保障工作，如学生公寓外来人员进出登记、公寓基础设施维修维护、公寓公共区域卫生清洁、学生寝室水电气费充值和收取等，对学生公寓管理的认识还只停留在为学生提供基本生活的服务上，没有发挥出公寓服务的思想政治教育功能和应有的作用。

（二）教育观念待创新

有什么样的理念，就会有什么样的实践，思想是行动的先导。学生公寓服务育人工作不仅仅涉及学生服务部门，而且需要学校从总体上提高服务意识和服务水平。首先，部分高职院校仍然沿用传统的学生公寓管理模式，以学校单方面管理为主，公寓服务往往停留于"说教式"或"管教式"的层面，忽视了学生的主体地位，停留于"命令"或"指挥"的层面，忽略了学生的主动参与和自主管理。其次，虽然部分高职院校学生公寓住宿

环境和条件得到了明显的改善,但是对公寓文化建设和思想道德建设方面的重视度不够,认为学生公寓只是为学生提供休息住宿的场所,不愿投入过多的人、财、物来进行公寓建设,没有认识到公寓能为学校的思想政治教育提供管理和教育工作的窗口。

(三)管理队伍欠专业化

学生公寓犹如一个小型的社会,里面住着来自五湖四海的学生,管理难度不言而喻。高职院校学生公寓缺乏专业化的管理队伍,管理人员大都由学工部工作人员、辅导员、后勤管理部门行政人员和物业公司工作人员组成,管理人员自身素质参差不齐,很难形成公寓服务育人的合力。首先,辅导员是学生公寓服务育人的主力军,专业化水平有待提高。高职院校的辅导员一般有专职辅导员和兼职辅导员两种类型,对于专职辅导员,高职院校往往重视学历的要求而忽视了专业要求,以至于不能满足学生思想政治教育专业性、职业化和专家化的要求;对于兼职辅导员,高职院校往往要求新进的年轻专任教师有一定的辅导员工作经历,由于时间有限,他们很难对学生进行全面了解和培育。目前高职院校辅导员队伍普遍年轻化,工作经验缺乏,同时工作琐碎,缺乏系统的专业知识培训,导致辅导员专业化水平不足,影响公寓服务育人的效果。其次,后勤管理部门行政人员和物业公司员工是学生公寓服务育人的后勤兵,管理服务水平有待提高。部分高职院校后勤管理部门行政人员和物业公司员工的准入门槛较低,受过高等教育的人员有限,缺乏专业和系统的管理知识,很难把握当代大学生多元化价值发展的趋势。部分高职院校后勤管理部门行政人员和物业公司员工趋于老龄化,他们的思想和文化程度也达不到学生服务管理实际需要的水平,服务育人的理念和意识较差,不能有效发挥公寓服务育人的功能。

（四）学生自主管理意识薄弱

高职院校公寓服务育人过程中，学生主体性的发挥显得尤为重要，这不仅有利于学生公寓管理工作的开展，更有利于学生自我的成长。2016年，教育部修订的《普通高等学校学生管理规定》指出："实施学生管理，应当尊重和保护学生的合法权利，教育和引导学生承担应尽的义务与责任，鼓励和支持学生实行'自我管理、自我服务、自我教育、自我监督'。"① 通过相互促进、相互辅助来不断内化自身的思想道德和服务理念，与高校立德树人的教育理念不谋而合，但目前高职院校学生缺乏公寓自我管理的意识。首先，高职院校学生由于社会阅历尚浅，心理、生理特征尚未完全发展成熟，再加上社会环境的复杂性，他们的世界观、人生观、价值观随时面临着不良思想文化的侵蚀和冲击，缺乏自我管理、自我服务的意识，影响公寓服务育人的进程和实效。其次，学生公寓服务育人过程中学生自我管理组织不健全。受传统管理观念的影响，学生长期处于被管理对象的角色，高职院校要在公寓管理过程中不断完善和强化学生自我管理的意识和畅通自我管理的途径，通过建立学生自我管理和自我服务组织，遴选学生党员、入党积极分子和学生干部担任负责人，组织学生通过社团活动、志愿服务、勤工助学、实践锻炼等方式，参与到公寓管理的实践活动中来，积极发挥学生在公寓服务育人过程中的作用，提高学生的奉献意识和自我管理能力。

三、高职院校公寓服务育人的应对——"一站式"学生社区建设

习近平总书记说："好的思想政治工作应该像盐，但不能光吃盐，最好的方式是将盐溶解到各种食物中自然而然吸收。"②学生公寓是学生思想政治教育的主阵地和学习、生活、交友的主战场，为更好地守好这块重

---

① 普通高等学校学生管理规定[EB/OL].（2017-02-16）[2023-05-02]. http://www.moe.gov.cn/srcsite/A02/s5911/moe_621/201702/t20170216_296385.html.
② 张啸飞. 好的思想政治工作应该像盐[EB/OL].（2018-07-16）[2023-05-02]. http://theory.people.com.cn/GB/n1/2018/0716/c40531-30149945.html.

要的阵地,"一站式"学生社区综合管理模式应运而生。高职院校要大力推进"一站式"学生社区建设,将思想政治教育这把"盐"洒向公寓服务育人的各个环节,使学生更好地吸收营养,全面提升公寓服务育人的实效。

2004年,中共中央、国务院印发的《关于进一步加强和改进大学生思想政治教育的意见》提出,要高度重视大学生生活社区、学生公寓的思想政治教育工作。2019年教育部思政司委托北京航空航天大学等10所高校开展"一站式"学生社区综合管理模式试点工作。2020年,教育部等八部门印发了《关于加快构建高校思想政治工作体系的意见》明确提出,推动"一站式"学生社区建设,将宿舍等学生生活园区打造成为集学生思想教育、师生交流、文化活动、生活服务于一体的教育生活园地。2021年,教育部思想政治工作司印发了《关于深化"一站式"学生社区综合管理模式建设试点工作的通知》和《关于依托云平台深化"一站式"学生社区综合管理模式建设工作的通知》,"一站式"学生社区的建设与探索在全国高校深入推进,建设100所试点高校,计划2022年建设1 000所试点高校,2023年力争实现全覆盖。[①]"一站式"学生社区是以学生共同生活区域为基础,以服务学生在课堂学习之外的成长成才为目标,以共同价值观念为联结的学生教育生活成长共同体。"一站式"学生社区综合管理模式建设是对育人方式的探索,核心理念是以学生为中心,基本要求是学校、院系、职能部门等方面资源和力量下沉社区、服务学生,以多样化方式开展党的工作和思想政治工作,最终目标是服务学生健康成长成才。《高校"一站式"学生社区综合管理模式建设试点工作指南》对高职院校学生公寓的"一站式"学生社区建设提出重要指导意见。

---

① 关于全国高校思想政治工作会议精神贯彻落实情况[EB/OL].(2021-12-07)[2023-05-02]. http://www.moe.gov.cn/fbh/live/2021/53878/sfcl/202112/t20211207_585342.html.

第八章　服务育人：立德树人背景下高职院校公寓服务育人创新

（一）党建引领，凝聚思想共识

高职院校是党领导下的高职院校，是中国特色社会主义高职院校。习近平总书记在全国高校思想政治工作会议上指出："办好我国高等教育，必须坚持党的领导，牢牢掌握党对高校工作的领导权，使高校成为坚持党的领导的坚强阵地。"[①]首先，加强党委领导有助于统一育人思想。学生社区是高职院校践行立德树人的重要场所，学校党委应树立"以生为本"的教育管理理念，高度重视学生公寓的服务育人价值，大力支持"一站式"学生社区建设。"一站式"学生社区建设与管理需要学校相关部门的协调配合，高职院校党委应全面统筹公寓服务各方面的育人资源和育人力量，创新社区管理方式，打破部门壁垒，完善网络工作格局，形成公寓育人合力。其次，加强党建引领有助于网络平台的开发与利用。网络平台的建设能够打通"信息数据孤岛"的最后一公里，实现信息数据的共享与应用集成，运用大数据分析找准工作切入点，联通学生资助、心理健康教育、学业辅导等工作资源，为学生提供更加优质和便捷的服务，也为公寓"一站式"学生社区的建设与发展提供了无限可能。最后，加强党建引领有助于引领学生思想。学生社区是基层党组织建设的重要阵地，高职院校应通过在公寓学生社区设置党的基层组织，扩大党的工作覆盖面，学生党员在二级学院与学生社区参与"双重组织生活"，促进党建工作与公寓服务工作的深度融合，发挥基层党组织在公寓服务育人工作的战斗堡垒作用及学生党员的先锋模范带头作用，加强对学生的政治引领、思想引领。

（二）队伍入驻，协同服务育人

高职院校公寓成为学生思想政治教育工作的新空间，也是新时代推进"三全育人"的重要阵地，公寓"一站式"学生社区工作人员队伍建设直接决定服务育人质量的高低。首先，高职院校应激发公寓"一站式"学生

---

① 习近平在全国高校思想政治工作会议上强调 把思想政治工作贯穿教育教学全过程 开创我国高等教育事业发展新局面[N]. 人民日报，2016-12-09（1）.

社区服务多元主体活力，实现协同育人。学校应建立党员干部联系学生公寓制度，通过干部联系楼栋、联系学生社区党支部等方式，促使学校学院党政领导、专业教师、思政课教师、辅导员等定期下沉到学生公寓，随时发现问题、解决问题，激发全员育人的动力和活力。其次，高职院校应加强公寓"一站式"学生社区工作人员专兼职队伍建设，确保公寓服务育人力量。学校应充分发挥专职辅导员的育人功能，在公寓为他们提供办公场所和住宿空间，与学生同吃同住同生活，融入学生的学习与生活，提供及时的帮助与引导。学校应引入学生社区专职社区工作者，如社区辅导员、社区心理咨询师等驻扎在学生公寓，从专业的角度挖掘社区思政资源，提高公寓服务育人的效能。学校应充分发挥专业教师、思政课教师的育人功能，通过建立学业导师制度，促使他们深入学生公寓，为学生提供学业指导。最后，高职院校应加强公寓"一站式"学生社区工作人员队伍专业化建设，提升公寓服务育人水平。学校应通过专项培训和社会实践等方式，对学生社区工作人员开展专业知识和技能培训，帮助他们树立正确的服务育人理念，掌握社区管理工作方法，提高思想政治教育工作能力，为学生提供更高品质的教育与服务。

（三）学生参与，增强自我管理

高职院校应围绕着"育人"这一核心目标，充分发挥"一站式"学生社区学生自我管理、自我服务的作用。首先，高职院校应建立公寓"一站式"学生社区学生自我管理组织，由学生干部、学生党员担任主要成员，协助相关部门处理公寓管理相关事宜，鼓励学生发挥主体作用，提高学生自我教育、自我管理、自我服务、自我监督的意识。学生自我管理组织还应建立日常化、规范化的信息反馈机制，通过学生党员、入党积极分子联系寝室，发挥朋辈力量，了解学生普遍的思想观念和需求，为学校解决问题提供最真实的线索和参考依据。学校应鼓励学生会、社团组织向学生社区延伸，扩展第二课堂，开展社团活动丰富学生课余生活。其次，高职院

第八章 服务育人：立德树人背景下高职院校公寓服务育人创新

校应将公寓"一站式"学生社区的部分管理与服务工作，通过社团活动、志愿服务、勤工助学、实践锻炼等方式提供学生参与渠道，培养学生提升主人翁意识，以公寓为"家"；在劳动实践中培育劳动精神，增强劳动能力，锤炼劳动品德。

（四）条件保障，充实文化内涵

高职院校公寓是学生第二课堂的重要组成部分，公寓"一站式"学生社区建设需要通过软件与硬件建设提升文化教育功能。首先，高职院校要加强公寓文化建设，充分整合公寓的资源和场所，搭建社区育人平台。学校要利用公寓空间打造多元化活动空间满足学生学习、交流等需求，通过建立阅读室，为学生提供自习及阅读空间；建立小型会议室，为学生提供培训、交流、讨论的活动空间，提升学生的幸福感。学校要为公寓服务工作人员提供育人场所，通过建立谈心谈话室，方便师生交流；建立学生活动中心，开展素质拓展培训、创新创业培训、职业生涯规划等文体活动；建立心理咨询室，为学生疏导心理问题、缓解情绪压力等提供支持与帮助，体现学校的人文关怀。学校要利用公寓广场、宿舍楼道等公共空间，通过文化墙、雕像、橱窗、标语等方式宣传社会主义先进文化，弘扬新时代社会主旋律，营造良好的文化氛围，实现理想信念"浸入式"宣传教育。其次，高职院校要加强公寓精神文明建设，开展公寓文明教育，规范学生文明行为。学校要发挥公寓学生组织的监督作用，协助公寓管理人员检查学生归寝及寝室卫生情况，了解寝室动态，对不文明的行为进行批评劝导，及时纠正；对文明寝室要予以公开表扬；对存在不和谐情形的寝室，要促进寝室成员之间的互动交流，避免不良行为的发生。学校要发挥寝室长的领导作用，带领寝室成员共同制定寝室行为规范，合理安排作息时间，积极锻炼，文明上网，主动学习，丰富寝室生活，培养健康的生活学习习惯。最后，高职院校要强化规范制度保障，构建多维的评价机制将内外部监督结合起来，以便更好地为学生服务，使学生有更多的获得感。内部监督主要根据学校相关规章制度的要求，规范工作团队的行为举止，提高服务质量，为学生做好示范，起到引领的作用；外部监督就是要成立专门的学生公寓服务管理监管部门，通过线上线下相结合不定期地对工作人员的工作情况进行监督，同时畅通学生投诉的通道和反馈问题的途径，认真听取学生的意见，不断提高公寓服务育人的服务质量。

四、小结

学生公寓是学生学习、生活和发展的主要活动场所，具有休息、学习和交流三大功能，是新时代高职院校落实立德树人根本任务的重要阵地。随着高等职业教育规模的扩大和内涵建设的深入，高职院校应当与时俱进，以生为本，聚焦学生的成长与发展要求，创新发展公寓服务育人。"一站式"学生社区综合管理模式为公寓服务育人提供了新思路，高职院校应围绕党建引领、队伍入驻、学生参与、条件保障等建设内容深入探索，提升对学生的服务质量，增强学生的生活幸福感，实现公寓服务育人目标。

第九章

资助育人：高职院校发展型资助育人体系的构建

资助工作是维护教育公平与社会稳定的重要内容与举措，党和政府始终高度关心家庭经济困难学生，高度重视学生资助工作。从党的十八大报告提出"提高家庭经济困难学生资助水平"到党的十九大报告提出"健全学生资助制度"，资助工作制度不断完善，受助主体范围不断扩大，资助力度不断加大。我国脱贫攻坚战取得全面胜利后，家庭经济困难学生不因经济困难而失学的目标已基本实现。教育部发布的《2021年中国学生资助发展报告》显示，高等教育共资助学生3 925.77万人次，资助金额达1 450.40亿元。如何使学生健康成长、全面发展成为资助工作的新目标。《高校思想政治工作质量提升工程实施纲要》提出，资助育人要把扶困与扶智、扶困与扶志结合起来，建立国家资助、学校奖助、社会捐助、学生自助"四位一体"的发展型资助体系。高职院校学生资助工作的重点从以物质保障为主开始转向以物质保障为基础、满足学生多元需求、推动学生全面发展为主的发展型资助，资助工作的重点更加强调"资助"和"育人"的全面结合，最终促使学生的全面和可持续性发展。

一、发展型资助概述

（一）发展型资助的内涵

一定的经济支持是家庭经济困难学生顺利进入大学并完成学业的有效保障，资助育人要求在深化落实资助的基础上，做到经济上与精神上的同步教育，提升学生的综合素质和个人全面发展的能力。在2016年召开的高校资助育人工作座谈会上，教育部原党组副书记、副部长杜玉波提出，"确保家庭经济困难学生不失学，这一基础目标已基本实现""要转变观念，创新方式，把资助和育人有机融合起来，把资助工作落脚到人才培育这个核心任务上来"[①]。2017年，《高校思想政治工作质量提升工程实施纲要》

---

① 践行资助育人理念 促进学生全面发展——教育部召开高校资助育人工作座谈会[EB/OL].（2016-08-26）[2023-05-04]. http://www.moe.gov.cn/jyb_xwfb/xw_zt/moe_357/jyzt_2016nztzl/2016_zt14/16zt14_ywq/201608/t20160816_275094.html.

第九章 资助育人：高职院校发展型资助育人体系的构建

明确提出，资助育人质量提升体系的基本任务是要将"扶困"与"扶智"、"扶困"与"扶志"结合起来，建立发展型资助体系，形成"解困—育人—成才—回馈"的良性循环（见图9-1）。

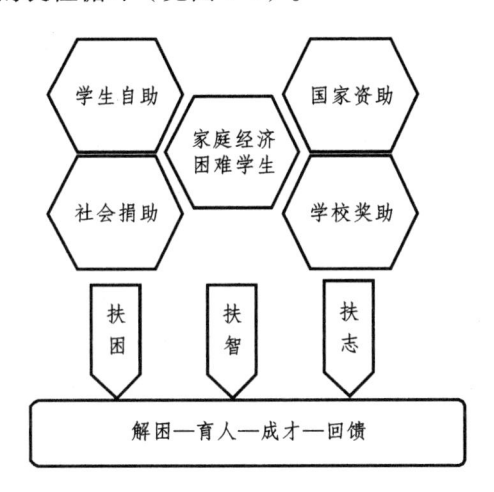

图 9-1 发展型资助体系图

发展型资助工作在传统资助工作的基础上，更多地着力于以下两个工作要点：一是精准化，精准识别资助对象，找准资助对象家庭经济困难的原因，实现差异化的资助内容，是资助工作的基础与关键点。二是发展性，发展型资助是在保障家庭经济困难学生基本生活需求的基础上，通过多维度提升学生综合能力，激发其自强不息、追求卓越的精神，更好地适应未来社会发展和自身可持续发展需要。

（二）发展型资助的主体

只有确定了资助育人工作的目标群体，才能确保精准资助有效推进、资助政策有效落实。1993年国家教委、财政部发布的《关于对高等学校生活特别困难的学生进行资助的通知》中，"生活特别困难的学生"是指"在校的月收入（包括奖学金和各种补贴）已低于学校所在地区居民的平均最低生活水准线"[①]。2007 年，教育部、财政部发布的《关于认真做好高等学校家庭经济困难学生认定工作的指导意见》中，"家庭经济困难学生"是指"学生本人及其家庭所能筹集到的资金，难以支付其在校学习期间的学习和生活基本费用的学生"[②]。该意见规范了本人申请、民主评议与学校评定相结合的工作程序，家庭经济困难学生的认定标准由各省、自治区、直辖市教育、财政部门参照本行政区域内各地（市、州）的城市居民最低生活保障标准确定。2018 年，教育部等六部门印发的《关于做好家庭经济困难学生认定工作的指导意见》，明确"家庭经济困难学生认定工作的对象"是指"本人及其家庭的经济能力难以满足在校期间的学习、生活基本支出的学生"[③]。家庭经济困难学生的认定依据包括：家庭经济因素、特殊群体因素、地区经济社会发展水平因素、突发状况因素、学生消费因素及其他影响家庭经济状况的有关因素。

（三）发展型资助的理论基础

1. 马克思主义关于教育公平正义观

马克思在《共产党宣言》中提出，在刚刚建立的新社会要"对所有儿童实行公共的和免费的教育"[④]。教育是人类发展的重要条件，教育是每个公民都应拥有的一项平等权利。教育公平是指国民教育活动中的地位平等和公平占有教育资源，是社会公平价值在教育领域的延伸和体现。教育公平的基本内涵就是教育利益分配的公平，就是实现社会条件下大多数人

[①] 国家教委、财政部关于对高等学校生活特别困难学生进行资助的通知[EB/OL].（1993-07-26）[2023-05-08]. http://policy.mofcom.gov.cn/claw/clawContent.shtml?id=38036.

[②] 教育部 财政部关于认真做好高等学校家庭经济困难学生认定工作的指导意见[EB/OL].（2007-06-26）[2023-05-08]. http://www.moe.gov.cn/jyb_xxgk/gk_gbgg/moe_0/moe_1443/moe_1581/tnull_25283.html.

[③] 教育部等六部门关于做好家庭经济困难学生认定工作的指导意见[EB/OL].（2018-10-30）[2023-05-08]. http://www.gov.cn/zhengce/zhengceku/2018-12/31/content_5443887.htm.

[④] 马克思,恩格斯.马克思恩格斯文集：第二卷[M].北京：人民出版社，2009：53.

的最大可能的教育平等，就是全体人民平等共享教育发展与改革的成果。概括起来，教育公平正义包括教育起点的公平、教育过程的公平和教育结果的公平三个方面的内容。

马克思主义教育公平观为高职院校资助工作提供了重要的方法指导。受教育权是一项基本人权，教育公平是社会公平的重要基础。首先，高职院校应确保每一名家庭经济困难学生获取相应的经济资助，不因家庭经济困境而失学，从而获得与其他学生相同的接受教育的机会，具有同等的学习条件，拥有同样的成长平台，实现教育起点的公平。其次，高职院校应通过公开公平公正的评定规则，确保每一名家庭经济困难学生获得与其情况相对应的资助项目，体现教育过程的公平。最后，每一名家庭经济困难学生所获得的资助都能与个人的努力相匹配，实现教育结果的公平。

2. 马克思主义关于人的全面发展理论

马克思主义认为，人是社会实践的主体，既被现实社会所塑造，又在推动社会进步中实现自身发展。实现人的全面发展，是马克思主义追求的根本价值目标，也是共产主义事业的最终价值目标。马克思在《1844年经济学哲学手稿》中以共产主义理论为基础，阐述了人的全面发展思想，即人的发展是"人以一种全面的方式，也就是说，作为一个完整的人，占有自己的全面的本质"[1]。马克思在《共产党宣言》中指出："代替那存在着阶级和阶级对立的资产阶级旧社会的，将是这样一个联合体，在那里，每个人的自由发展是一切人的自由发展的条件。"[2]作为个体的人，只有人的生理素质、心理素质、思想道德素质和科学文化素质等得到发展和完善，每个人都可以按自己的天赋、特长、爱好，自由选择活动领域、自由选择生活空间、自由选择发展方向，既能够从事体力劳动，又可以从事脑

---

[1] 马克思，恩格斯. 马克思恩格斯文集：第四十二卷[M]. 北京：人民出版社，1979：123.
[2] 马克思，恩格斯. 马克思恩格斯文集：第二卷[M]. 北京：人民出版社，2009：53.

力劳动，既能够参加物质生产劳动，又可以参加精神文化活动，促进每一个人的主体活动都成为自己本身的主人，才是自由发展的真谛。

马克思主义关于人的全面发展理论为高职院校发展型资助工作提供了理论依据。家庭经济困难学生虽然与其他学生存在经济状况的差别，但在发展目标上都是相同的，即成长为德智体美劳全面发展的社会主义建设者和接班人。家庭经济困难学生因经济条件导致所获教育资源所限，在基础知识、基本技能、综合素质方面与其他同学存在一定差异，因此资助工作不仅要实现经济保障，还应加强思想教育、人际交往、心理健康、学习能力等方面的正确引导，最终促进学生全面发展。

二、我国高校资助工作的历史回顾

（一）我国高校资助工作历史演进

中华人民共和国成立至今，资助工作与高等教育事业发展紧密地结合在一起，随着资助政策的发展和完善，资助育人的作用越来越明显。根据资助模式的不断完善，可以将我国高校资助工作分为如下四个阶段[1]。

1. 以人民助学金为主的单一、无偿资助模式阶段（1949—1985年）

中华人民共和国成立初期，为培养大批工农出身的知识分子，我国政府制定了"高等教育为工农开门"的教育方针。1952年，政务院、国家教委分别印发了《关于调整全国高等学校及中等学校学生人民助学金的通知》和《关于调整全国各级各类学校教职工工资及人民助学金标准的通知》，标志着我国高等教育人民助学金制度的确立。人民助学金制度是在免收学费的基础上，由国家无偿给予补助，减轻了学生个人的学习与生活负担。

人民助学金制度一直持续到20世纪80年代中期，其间随着社会经济发展，也进行了一定调整。1955年对资助标准、资助范围进行了细化，1964

---

[1] 刘欣. 高校学生资助政策的演变与展望[J]. 高校辅导员学刊, 2021(6): 84-86.

年在经济形势好转的情况下提高了资助标准，1977年高考恢复后继续沿用1964年的资助方案。1983年，国家教委和财政部联合印发《普通高等学校本、专科学生人民助学金暂行办法》和《普通高等学校本、专科学生人民奖学金试行办法》，将原来向非师范学生发放人民助学金的比例由75%降至60%，同时设立"人民奖学金"。该阶段资助政策由原有的单一资助方式，调整为以人民助学金为主，人民奖学金为辅的资助方式，主要担负助学功能，以帮助家庭经济困难的工农子弟获得接受高等教育的机会，为国家经济建设提供人才保障。

2. 以奖学金为主的无偿与有偿并存过渡阶段（1985—1997年）

1985年，《中共中央关于教育体制改革的决定》明确提出，改革人民奖学金制度，对学习成绩优秀的学生实行奖学金制度。1987年，国家教委、财政部印发《普通高等学校本专科生实行奖学金制度的办法》和《普通高等学校本、专科学生实行贷款制度的办法》，实行奖学金制度和贷款制度。奖学金制度包括优秀学生奖学金、专业奖学金、定向奖学金，奖"优"的同时引导学生报考农林地矿油等专业及毕业后到艰苦行业、贫困地区工作。贷款制度明确由国家向学生提供无息贷款。

同时，国家开始实施勤工助学、学费减免等辅助性资助政策，帮助家庭经济困难学生完成学业。1993年，国家教委、财政部印发《关于对高等学校生活特别困难学生进行资助的通知》，要求高校按每人每月2元标准提取困难补助经费，首先集中用于补助生活特别困难的学生。1994年，国家教委、财政部印发《关于在普通高等学校设立勤工助学基金的通知》，设立勤工助学基金，使勤工助学活动具有稳定、可靠的经费来源。1995年，国家教委印发《关于对普通高等学校经济困难学生减免学杂费有关事项的通知》，规定特困学生可申请学费减免。

该阶段资助政策以奖学金无偿资助为主，贷款、勤工助学等有偿资助为辅，激励与引导学生，尤其是家庭经济困难学生学习的主动性与积极性，资助育人作用开始凸显。随着高等教育向大众化迈进和全面收费制度实施，资助经费主要来源于学校的资助体系，难以确保庞大的家庭经济困难学生不因贫困而失学，教育公平受到挑战。

3. 以政府为主导的多元资助体系形成阶段（1997—2017 年）

1996 年，国家教委等三部门印发的《高等学校收费管理暂行办法》，拉开了我国高等教育全面收费的序幕。1999 年起，高校开始大规模扩招，资助家庭经济困难学生的问题变得更为急迫。1999 年，教育部印发《国家助学贷款管理操作规程（试行）》，明确助学贷款是运用金融手段帮助经济困难学生支付学费和生活费。2000 年，教育部、财政部、发改委规定各公办全日制普通高等学校都必须建立"绿色通道"制度，对被录取入学、经济困难的新生，一律先办理入学手续，然后再根据核实后的情况，分别采取不同办法予以资助。2002 年，财政部和教育部宣布设立国家奖学金，帮助家庭经济困难的普通高校学生顺利完成学业。2004 年，国务院办公厅印发《关于切实解决高校贫困家庭学生困难问题的通知》，明确建立规范的高等学校勤工助学制度，将"资助"与"育人"有机结合起来。2005 年，财政部、教育部印发《国家助学奖学金管理办法》，设立国家助学奖学金，分为国家奖学金和国家助学金两种形式。2007 年，国务院印发的《关于建立健全普通本科高校、高等职业学校和中等职业学校家庭经济困难学生资助政策体系的意见》，首次对我国学生资助制度作出了全面系统的规划设计，明确提出建立健全实行"加大财政投入、经费合理分担、政策导向明确、多元混合资助、各方责任清晰"基本原则的家庭经济困难学生资助政策体系，开启了我国学生资助事业发展的新篇章。

新的资助体系实施了以下几项重要改革措施：（1）在国家奖学金的评选中取消了家庭经济困难这一条件限制，另设国家励志奖学金；（2）将国家助学金实行等级划分，并进一步扩大资助范围，资助人数达在校生总数的 20%；（3）进一步完善和落实国家助学贷款政策，开展生源地信用助学贷款;(4)对教育部直属师范大学新招收的师范生,实行免费教育;(5)进一步落实鼓励社会力量捐资助学的优惠政策;(6)进一步明确勤工助学的组织机构、岗位设置、管理办法、酬金标准和相关的法律责任等;(7)为鼓励大学生深入基层、投身国防,实施国家助学贷款代偿、学费补偿政策。

该阶段资助政策在政府主导的基础上,高校、社会组织和个人共同参与,设立了各种奖学金、助学金等,兼顾教育公平与效率,形成了政府主导的多元资助体系(见表9-1)。

表9-1 我国高校学生各资助项目内容①

资助项目	资助对象	资助标准	资助主体
国家奖学金	特别优秀的大学生	8 000元/年	政府
国家励志奖学金	品学兼优的家庭经济困难学生	5 000元/年	政府
国家助学金	家庭经济困难学生	平均每生3 300元/年	政府
国家助学贷款	家庭经济困难学生	限额12 000元/年	金融机构
高等学校毕业生基层就业学费补偿贷款代偿	自愿到中西部地区和艰苦边远地区基层单位就业、服务期达到3年以上(含3年)的应届毕业生	限额8 000元	政府
应征入伍服义务兵役学费补偿贷款代偿及学费资助	应征入伍服义务兵役的高校学生	限额8 000元/年	政府
师范生免费教育	免费教育师范生	学费、住宿费、生活费补助	政府

① 表9-1根据《中国学生资助发展报告(2007-2011年)摘编》、2012-2021年《中国学生资助发展报告》整理得出(资助标准更新至2021年)。

续表

资助项目	资助对象	资助标准	资助主体
退役士兵教育资助	退役一年以上、考入全日制普通高等学校的自主就业退役士兵	学费、生活费（家庭经济困难学生）、其他奖助学金	政府
勤工助学	勤工助学学生	不低于12元人民币/小时（按小时计酬岗位）	学校或校外用人单位
学费减免	家庭经济特别困难、无法缴纳学费的学生，特别是孤残学生、少数民族学生及烈士子女、优抚家庭子女等	具体减免办法由学校制订	政府
"绿色通道"	被录取入学、无法缴纳学费的家庭经济困难的新生	先办理入学手续，然后再根据核实后的情况，予以资助	视资助类型确定
新生入学资助项目	中西部地区被录取的家庭经济困难新生	省内院校录取新生500元/人，省外院校录取新生1000元/人	政府
校内资助（奖学金、助学金、困难补助、伙食补贴、校内无息借款、减免学费等）	全体在校学生	资助主体自行确定	学校、社会团体、企事业单位和个人

4. 发展型资助新阶段（2017年至今）

党的十九大报告宣告，"经过长期努力中国特色社会主义进入了新时代，这是我国发展新的历史地位"[①]，确保家庭经济困难学生不因经济困

---

① 习近平. 决胜全面建成小康社会 夺取新时代中国特色社会主义伟大胜利——在中国共产党第十九次全国代表大会上的报告[M]. 北京：人民出版社，2017：46.

难而失学这一基础目标已基本实现。党的十九大报告提出"健全学生资助制度",为新时代高校资助工作指明了方向。如何实行精准化资助?找准资助对象家庭经济困难的原因对接资助项目,让资助资金对接最需要的学生;如何实行发展性资助,帮助家庭经济困难学生完成学业的同时健康成长,成长为德智体美劳全面发展的社会主义建设者与接班人,是新时代高校资助工作的根本价值要求。《高校思想政治工作质量提升工程实施纲要》提出建立发展型资助育人体系的基本任务,实施"发展型资助的育人行动计划"。

发展型资助更加强调教育公平与教育效率的价值追求的统一。一是把握精准资助的基本要求。高校资助工作的对象为家庭经济困难学生,准确认定资助对象,有效分配和使用资助资源是高校资助工作的基本目标,充分实现教育公平。二是树立育人的工作目标。发展型资助在保障家庭经济困难学生基本生活学习的前提下,提供技能、心理、能力等方面的发展性资助,促进学生个人的全面发展,实现育人目的,充分体现教育效率。总之,发展型资助是新时代高校资助工作的努力方向,也是高校落实立德树人根本任务的应有之义。

(二)高校资助工作发展特点及趋势

完善国家助学制度,建立健全家庭经济困难学生资助体系,一直是党和政府推进教育公平,保障和改善民生的重要抓手。党的十八大报告强调,大力促进教育公平,合理配置教育资源,提高家庭经济困难学生资助水平,让每个孩子都能成为有用之才[1]。党的十九大报告进一步提出,推进新时代教育公平,"健全学生资助制度,使绝大多数城乡新增劳动力接受高中

---

[1] 胡锦涛.坚定不移沿着中国特色社会主义道路前进 为全面建成小康社会而奋斗——在中国共产党第十八次全国代表大会上的报告[M].北京:人民出版社,2012:35.

阶段教育、更多接受高等教育"[①]。经过多年发展，我国已建立起一套既能够有效解决家庭经济困难学生的经济困难，又关注家庭经济困难学生全面发展的高校资助体系。

1. 发展特点

随着我国经济发展和居民消费水平的提高，高等教育资助的额度不断增加，覆盖面积不断扩大，资助主体多元化。2007年，国务院发布的《关于建立健全普通本科高校、高等职业学校和中等职业学校家庭经济困难学生资助政策体系的意见》及其配套办法，提高了高校资助标准，扩大了资助覆盖面。国家奖学金每年奖励5万名，奖励标准由每人每年4 000提高为每生每年8 000元；国家励志奖学金覆盖面从占在校生总数的百分比从0.3%扩大到3%，资助标准从每生每年4 000元增加到5 000元；国家助学金资助面由占在校生总数的3%扩大到20%，资助标准由平均每人每年1 500元增加到生均每年2 000元（每生每年1 000至3 000元，分为2至3档）。因而2007年普通高等教育的资助金额与资助人数比2006年分别增长了62.07%与76.70%。2019年，财政部、教育部在《关于调整职业院校奖助学金政策的通知》中明确扩大高职院校奖助学金覆盖面、提高补助标准，国家奖学金名额由5万名增加到6万名，增加的名额用于高职院校学生；国家励志奖学金覆盖面由3%提高到3.3%；国家助学金覆盖面提高10%，平均补助标准从每生每年3 000元提高到3 300元。因而2019年普通高等教育的资助金额与资助人数比2018年分别增长了14.48%与9.79%（见图9-2、图9-3）。

[①] 习近平. 决胜全面建成小康社会 夺取新时代中国特色社会主义伟大胜利——在中国共产党第十九次全国代表大会上的报告[M]. 北京：人民出版社，2017：46.

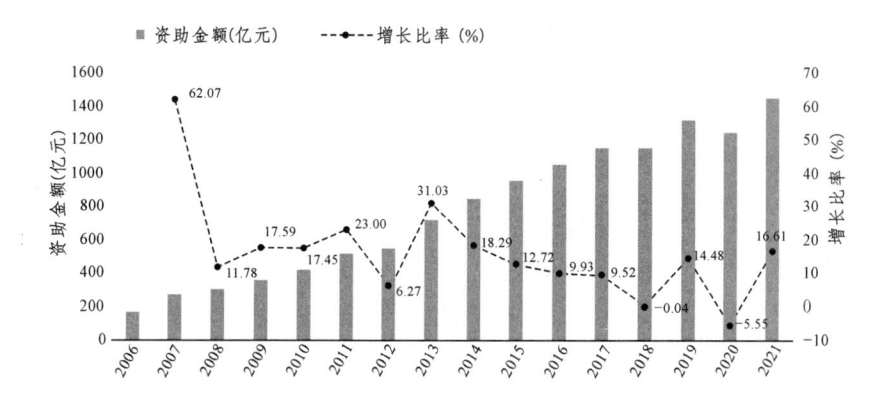

第九章 资助育人：高职院校发展型资助育人体系的构建

图 9-2　2006—2021 年普通高等教育资助金额情况[1]

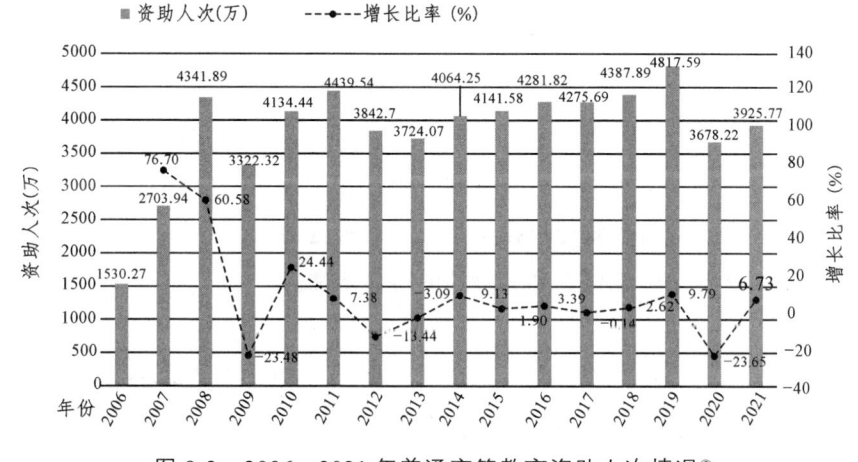

图 9-3　2006—2021 年普通高等教育资助人次情况[2]

据历年《中国学生资助发展报告》数据显示，2006—2021 年普通高等教育的资助金额呈逐年递增趋势，2021 年的资助金额为 1 450.40 亿元，比 2006 年增长了 7 倍以上；资助项目标准随经济发展相应调整，如本科专科国家助学贷款最高限额由每年 6 000 元提高到 12 000 元，国家助学金从生

---

[1] 图 9-2 根据《中国学生资助发展报告（2007—2011 年）摘编》、2012—2021 年《中国学生资助发展报告》数据整理绘制。
[2] 图 9-3 根据《中国学生资助发展报告（2007—2011 年）摘编》、2012—2021 年《中国学生资助发展报告》数据整理绘制。

均每年 2 000 元提高到 3 300 元，勤工助学酬金标准从每小时不低于 8 元提高至不低于 12 元等。2014—2018 年普通高等教育资助人次较为稳定，每年约 4 000 万，2020 年是决胜全面建成小康社会，决战脱贫攻坚之年，资助人次比 2019 年下降了 23.65%。2006—2018 年，国家助学金与国家奖学金资助人次远远高于国家助学贷款人次与勤工助学人次（见图 9-4）。资助政策覆盖范围不断扩大，2009 年对中央部门所属全日制普通高等学校应届毕业生，自愿到中西部地区和艰苦边远地区县以下基层单位工作、服务期达到 3 年以上（含 3 年）的学生，实施学费和国家助学贷款代偿；2012 年对中西部地区启动高校家庭经济困难新生入学资助项目，用于解决学生家庭至录取学校间的路费及入校后短期生活费，实现了资助政策"入学—在校—毕业"全过程覆盖；2012 年建立研究生国家奖学金制度，实现了资助政策"本、专科生—研究生"各层次覆盖；2007 年推行师范生免费教育，2009 年对高校应届毕业生应征入伍服义务兵役给予资助；2011 年增加对高校在校学生应征入伍服义务兵役资助；2011 年对退役一年以上，考入全日制普通高等学校的自主就业退役士兵给予教育资助；2015 年对直接招收为士官的高等学校学生施行资助，资助的群体增加。

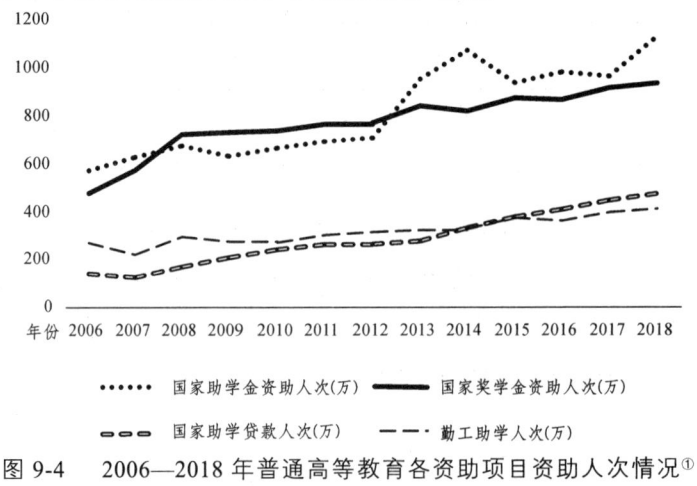

图 9-4　2006—2018 年普通高等教育各资助项目资助人次情况①

---

① 图 9-4 根据《中国学生资助发展报告（2007—2011 年）摘编》、2012—2021 年《中国学生资助发展报告》数据整理绘制。

高等教育资助主体包括政府、高校、金融机构和社会力量，政府是主导力量。政府不仅承担了资助工作的制度保障、体系完善、经费投入等方面的重要责任，同时也是资助金的主要承担者。根据2013—2021年的《中国学生资助发展报告》显示，由中央和地方各级政府支出的财政资金约占年度资助总额的50%，银行发放的国家助学贷款约占比25%；高校事业收入提取部分占比20%左右；社会团体、事业单位及个人捐助金额占比2%左右（见图9-5）。

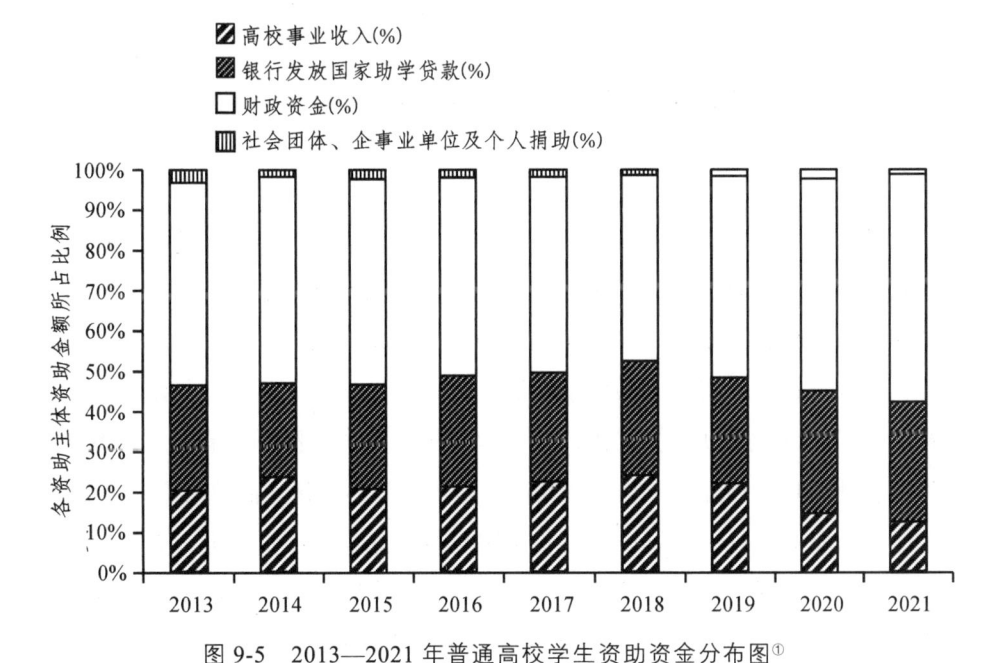

图9-5　2013—2021年普通高校学生资助资金分布图[①]

2. 发展趋势

一是无偿资助与有偿资助的有机融合。目前高校学生资助工作体系以政府主导的国家助学金、奖学金等无偿资助为主，实现了解决家庭经济困难学生基本生活与学习需求的目的。资助工作应提高勤工助学、助学贷款

---

① 图9-5根据2013—2021年《中国学生资助发展报告》数据整理绘制。

等有偿资助在整个资助政策体系中的比重,提升资助的"造血"功能,同时,通过校企合作等方式为受助学生提供实习锻炼机会,拓宽有偿资助渠道,促使家庭经济困难学生自食其力,培养受助学生责任意识与感恩意识,促进受助学生全面健康发展。

二是显性资助与隐形资助的有机融合。"授人鱼不如授人以渔",资助工作要通过扶困与扶志、扶智相结合,关注家庭经济困难学生成长成才;了解家庭经济困难学生成长发展需求,通过学业帮扶、心理辅导、技能提升等方式,开展个性化成长帮扶作为发展型资助的重要突破口。

三、高职院校发展型资助育人工作现状[①]

(一)重庆某高职院校资助工作概况

学校建立了"学校—学生资助中心—学院—班级"四级资助工作组织体系。学校层面设立资助工作领导小组,负责统筹全校学生资助工作,校长任组长,分管学生工作、财务工作的副校长任副组长,相关职能部门负责人为成员;学生资助中心配备专职人员,负责学校"奖、助、勤、贷、补、免"等日常资助事务工作;二级学院成立资助工作评审组,负责本学院的资助项目宣传评审工作,由党政负责人、学办主任、辅导员(班主任)组成;班级成立民主评议小组,负责本班级家庭经济困难认定、奖助学金评定等民主评议工作,由辅导员(班主任)、班团干部、普通学生代表组成。学校按照"一项政策,一个具体实施方案"的原则,规范"政策宣讲—学生个人申请—班级评议小组评议公示—二级学院评定工作组审核—学院公示—学校领导小组审定—学校公示"的工作流程,保障资助工作的公开公平公正。

在学校资助资金中,财政资金占比 45.98%,银行发放国家助学贷款占比 40.53%,为资助资金的主要来源。学校从事业收入中提取资助资金,设

---

① 此部分内容在笔者对重庆某高职院校进行调研的基础上生成。

立十大优秀学生标兵项目（学习标兵、技能标兵、自强标兵、创业标兵、学军标兵、文明标兵、美德标兵、劳动标兵、文体标兵、团体标兵），表彰学生典型；提供临时困难补助，帮助因家庭遭遇突然变故导致生活困难的学生；设立抗疫防控专项困难补助、发放防疫"大礼包"等，在新冠病毒感染疫情期间关心学生的实际困难。学校还引进了社会团体、企事业单位及个人捐助等资助力量。彭荫刚奖学金包括"新生启航奖"和"学业成就奖"，分别用于奖励品学兼优、家庭经济困难的新生与综合表现突出、家庭经济困难的应届毕业生；学校合作企业，如广东坚朗五金制品股份有限公司、重庆麦当劳等设立企业奖学金，奖励校企合作中表现优异的学生。学校2020年资助工作项目如表9-2所示，资助资金分布情况如图9-6所示。

表9-2　学校2020年资助工作项目明细

序号	类别	项目名称
1	国家及地方资助	生源地助学贷款
2		入伍士兵学费补偿
3		国家助学金
4		国家奖学金
5		国家励志奖学金
6		重庆籍建档立卡学生学费资助
7	校级资助	校级奖学金
8		临时困难补助
9		勤工助学
10		建档立卡精准资助
11	校级其他类助学金	文明宿舍奖励
12		就业补贴
13		疫情专项资助
14		节假日、毕业生、志愿者等各类餐补

| 15 | | 十大标兵 |

续表

序号	类别	项目名称
16	校级其他类助学金	其他补贴（保险、教材、奖励等）
17		困难学生校内助学金
18	校内其他部门（资助）	校内其他部门给予学生的各项补贴
19		给予学生参加体育比赛的各类补贴等
20	社会力量	彭荫刚奖学金、企业奖学金

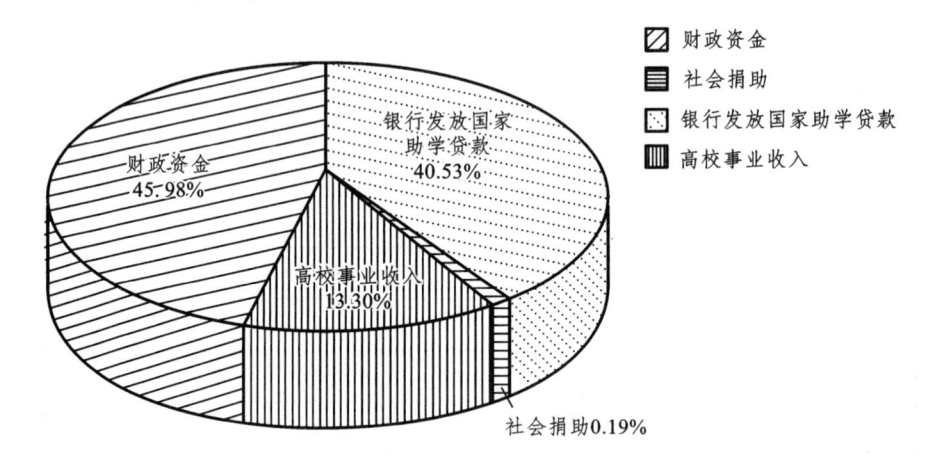

图 9-6　学校 2020 年资助资金分布情况

财政资金 45.98%
银行发放国家助学贷款 40.53%
高校事业收入 13.30%
社会捐助 0.19%

（二）发展型资助"丰翼"助学强能计划

"丰翼"助学强能计划结合家庭经济困难学生在入学前、报到时、在校期间、实习期、毕业季、离校后不同阶段的实际需求，建立需求清单，采用学生"点单"、学校"派单"、二级学院"上菜"的形式，通过项目化开展资助育人服务，该计划受益学生超 2 200 人次。

建立符合资助学生的需求清单，是该计划推行的关键，学校通过全覆盖的问卷调查了解学生需求，共收取有效问卷793份。问卷共设7个需求选项：演讲与口才训练、计算机知识与技能培训、英语技能提升辅导、公文写作能力培训、个人形象管理和职场礼仪训练、职业生涯规划、职场安全与就业权益保护，每个学生可选择1至4个项目，并增设一个补充项目，被调查者可根据个人兴趣填写。根据调查结果，需求排在前四的分别是演讲与口才训练、计算机知识与技能培训、英语技能提升辅导、个人形象管理及职场礼仪培训，均占比50%以上，性别差异不明显；首选项目分布情况显示，演讲与口才训练需求占比为38%，计算机知识与技能培训需求占比23%，英语技能提升辅导需求占比17%；补充项目里有72名学生（占比9%）提出心理或社交培训。上述需求调查结果同时反映了家庭经济困难学生因经济困难所引发的其他深层次问题，例如人际交往障碍、基础知识薄弱、基本技能欠缺、个人成长困惑等，从而对改变自身及其家庭命运有着更为迫切的需求。发展型资助在保障家庭经济困难学生基本经济需求基础上，应根据每个学生的实际情况采取对应措施，帮助他们成长成才。

四、高职院校发展型资助育人体系的构建策略

教育部等八部门印发的《关于加快构建高校思想政治工作体系的意见》对完善精准资助育人提出了两层意见：一是精准认定家庭经济困难学生，具体内容为"健全四级资助认定工作机制，完善档案、动态管理"；二是建设发展型资助体系，强调"加大家庭经济困难学生能力素养培育力度"[1]。

（一）落实精准资助保障

提高资助工作的精准度是发展型资助工作的基础，要确保资助政策覆盖全体家庭经济困难学生，符合资助条件的学生一个都不能漏。同时还要

---

[1] 教育部等八部门关于加快构建高校思想政治工作体系的意见[EB/OL].（2020-04-22）[2023-05-15]. http://www.gov.cn/zhengce/zhengceku/2020-05/15/content_5511831.htm.

找准家庭经济困难学生贫困症结，对症下药，提高资助工作的实效性。

首先，资助对象精准。科学有效地认定家庭经济困难学生是精准资助的前提和基础。家庭经济困难学生的精准认定可通过四级资助工作认定机制：负责全面指导的学校领导小组、负责具体资助事务的资助中心、负责承上启下的二级学院工作小组、负责基础评定工作的班级评议小组，将是否家庭经济困难及困难等级严格评定出来。通过辅导员面谈、家访核实等方式确保采集信息的真实性，同时对家庭经济困难学生的信息实现全面把握与动态管理。

其次，资助力度精准。家庭经济困难学生的经济困难程度不同，导致家庭经济困难的原因不同，对资助的需求也不尽相同。高职院校应综合学生的家庭经济困难类型、成长阶段与成长需求，设计资助内容，采用"精准滴灌"的方式确保资助力度的精准。

最后，资助方法精准。"奖、贷、助、勤、补、免"的资助政策，确保了对家庭经济困难学生的资助全覆盖。高职院校应根据资助项目设立专项资金，如因突发情况导致家庭经济困难的临时困难补助，返乡过年、毕业求职等关键时间节点的慰问与帮扶，等等，精准满足学生实际需要，确保资助资金的使用精准。同时，在具体工作中，应注重工作的方式方法，努力营造平等和谐的氛围，切身考虑困难学生的实际感受。

（二）优化资助育人主体

首先，切实发挥政府主导作用。财政资助资金占资助资金的主导地位，2021年普通高等教育学生资助财政资金819.28亿元，占资助资金总额的56.49%[1]。政府通过资助政策的进一步完善，稳步推进精准资助，全面加强资助育人，不断完善规范管理，广泛开展资助宣传，不断提升资助工作水平。尤其是在新冠肺炎疫情防控等特殊时期，政府的主导作用对资助工

---

[1] 全国学生资助管理中心. 中国学生资助发展报告（2021年）[EB/OL].（2022-09-05）[2023-09-08]. https://www.xszz.edu.cn/n85/n168/c11046/content.html.

第九章　资助育人：高职院校发展型资助育人体系的构建

作的有序开展具有重要意义。

其次，充分发挥学校主体作用。确保各项资助政策落地生根，资助好、培养好家庭经济困难学生是高职院校的重要任务。一是以"资助育人"为目标，打造一支专门的学生资助工作队伍，熟悉工作业务、探索工作新方法。二是营造资助工作的良好宣传氛围，加大资助政策宣传，让家庭经济困难学生感受到温暖；加大对受助学生典型事例的宣传，激发受助学生以实际行动回馈国家和社会。三是丰富资助形式，针对家庭经济困难学生发展需求，实施能力素养培育等专项计划，提升家庭经济困难学生综合素质和可持续发展能力。

最后，鼓励社会力量参与。2021年普通高等教育学生资助企事业单位、社会团体和个人捐助等各类资助资金共计16.68亿元，占资助资金总额的1.15%[1]。高职院校应鼓励企业、校友等社会力量通过捐资助学或者提供勤工助学岗位，资助家庭经济困难学生顺利完成学业，积极履行社会责任，同时提升资助力度，扩大资助影响。

（三）丰富资助育人内容

（1）经济资助。家庭经济困难学生认定是开展经济资助工作的基础和前提。高职院校应通过建立"班级—学院—学生资助中心—学校"资助工作组织体系，确立"政策宣讲—学生个人申请—班级评议小组评议公示—二级学院评定工作组审核—全院公示—学校领导小组审定—全校公示"的资助工作流程，确保困难学生认定工作的公开公平公正。

（2）心理辅导。家庭经济困难学生承载着家庭的希望，带有沉重的学业和就业压力；同时因为家庭经济原因，面对同辈群体常表现出自卑与自尊的矛盾心理特点。为了掩饰自己在经济上的贫困，他们往往不愿意主动申请学校提供的资助，甚至不愿与人主动交往，产生远离群体、自我封闭

---

[1] 全国学生资助管理中心. 中国学生资助发展报告(2021年)[EB/OL].(2022-09-05)[2023-09-08]. https：//www.xszz.edu.cn/n85/n168/c11046/content.html.

的心理及行为。因此，高职院校应积极开展家庭经济困难学生心理健康辅导，提高学生心理素质、促进学生身心健康成长。

（3）学业指导。家庭经济困难学生因家庭经济、心理等原因，在学业上存在一定的压力与困难。家庭经济困难学生因自卑而人际交往困难，不善沟通与交流，导致学业成绩不理想。在英语与计算机等专业基础课上，家庭经济困难学生因学习与练习机会较少，而与其他同学存在差距。高职院校应加强对受助学生学习过程的监督管理，建立学习档案，了解学业困难，跟踪学习效果；对受助学生偏弱的课程，如英语、计算机等开设专项辅导；对个别学业困难的学生开展一对一的帮扶，帮助其顺利完成学业。

（4）能力提升。家庭经济困难学生因在成长过程中教育资源相对匮乏，兴趣特长、人文素养、专业技能等方面相对较弱。高职院校应针对家庭经济困难学生的特点和成长需求，在兴趣培养、文化素养、技能提升等方面实施专项提升计划，增强家庭经济困难学生的综合素养，为他们的成长成才赋能。

（四）创新资助育人路径

新时代高职院校资助工作要牢牢把握立德树人的教育主线，创新工作理念与工作路径，将育人理念贯穿资助工作的全过程。

首先，创新工作理念，发展"大资助"格局。高职院校作为国家、社会、地方等各方资助力量与受助学生的纽带，必须创新工作理念，发展"大资助"格局。一是统筹政府、学校、社会资助各方资助力量共同助力资助工作，尤其是充分挖掘社会力量为资助工作添砖加瓦。二是充分发挥高职院校全员育人、全过程育人与全方位育人功能，以资助为手段，实现育人目标。三是在对受助学生进行经济资助的基础上，开展学业辅导、心理调适和能力培养等多元化能力提升项目，实施发展型资助。

其次，创新工作方法，发掘"大数据"价值。信息化时代，充分利用大数据可以推动资助工作的高质量发展。一是对家庭经济困难学生建立个人档案，实行动态检测，精准识别并动态管理家庭经济困难学生。二是对学生的消费行为数据监测与分析，既可以对家庭经济困难学生进行精准识别，又可以进行困难等级的精准识别，从而有针对性地提供经济与教育帮扶。三是建立家庭经济困难学生成长数据库，全面记录和分析学习生活数据，及时发现其在各成长阶段存在的困难与问题，并采取相应帮扶措施。

最后，创新工作实践，发挥"大平台"作用。高职院校在确保每一个家庭经济困难学生不因经济困难而失学的基础上，更应该为他们搭建成长的平台。一是搭建综合素养提升平台，通过能力提升专项计划，为家庭经济困难学生提供文化熏陶、兴趣培养、技能提升等培训，将资助与育人的理念充分融合。二是搭建社会志愿服务实践平台，既锻炼学生适应社会、服务社会的实践能力，又培养学生感恩奉献、服务社会的优良品质。三是搭建勤工助学自立平台，帮助学生学会自助与自立，同时积极开展家庭经济困难学生创新创业工作，帮助他们通过创新与创业走出一条自己的成才之路。

五、小结

学生资助事关民生，做好资助育人工作是加快教育现代化的重要基础。我国已建立起一套既立足当前、能够有效解决贫困生经济问题，又着眼长远、坚持扶贫与扶志相结合的高等教育资助体系。高职院校学生资助育人工作的重点应强调"资助"和"育人"的全面结合，通过落实精准资助保障、优化资助育人主体、丰富资助育人内容、创新资助育人等路径构建资助育人体系，更好地实现资助育人工作的精准性与发展性，最终促进学生的全面和可持续性发展。

六、实践分享——二级学院特殊困难学生就业指导项目

项目实施学院 2019—2020 学年认定家庭经济困难学生 976 名，约占学院总人数的 36.67%，其中特殊群体类型学生（如建档立卡、低保、特困供

养、孤儿、烈士子女、残疾军人子女、家庭经济困难残疾学生及残疾人子女等）共计 280 名，约占学院 2019—2020 学年家庭经济困难学生总人数约 28.69%，该群体顺利毕业就业对学院立德树人目标的实现具有非常重要的意义。

（一）项目实施情况

1. 项目准备阶段（2019 年 6—8 月）：为 2017 级特殊困难学生就业做准备

一是通过项目宣传统一思想。该项目的实施需要得到全体学生工作者以及专任教师的支持，通过开展项目宣传，加强大家对资助工作重要性的认识，形成"资助"与"育人"相结合的发展型资助工作理念。

二是梳理学院 2017 级特殊困难学生的情况。学院共有 2017 级特殊困难学生 72 人，其中重庆市内学生 53 人、市外学生 19 人，女生 56 人、男生 16 人，困难类型包括残疾学生 1 人、孤儿 10 人、建档立卡 42 人、低保 19 人。

三是通过问卷调查 2017 级特殊困难学生的就业意向。共计 51 名学生参与调查，问卷调查的内容包括个人基本情况、就业意向、就业准备及就业中存在的问题等。调查结果显示，2017 级特殊困难学生整体呈现乐观向上的精神风貌，对待就业与自我成才有积极规划。

四是指导 2017 级特殊困难学生的暑假社会实践。2019 年暑假，辅导员对特殊困难学生开展暑期家访，指导学生的学业与职业规划；49 名同学参加了暑期社会实践活动，为就业蓄力。

2. 项目实施阶段（2019 年 9—12 月）：为 2017 级特殊困难学生提供就业服务

一是通过讲座与个别指导为 2017 级特殊困难学生提供就业指导。首先，鼓励学生参加就业指导、人际关系及职场礼仪等讲座，提高学生求职技能；指导学生制作简历，为求职做充分准备。其次，辅导员对特殊困难学生开展一对一的就业指导，了解其就业意向及职业规划，对个别存在消极就业观点的学生进行原因分析及积极引导。

二是开展校园招聘及网络招聘，为 2017 级特殊困难学生提供就业信息。辅导员与专任教师到招聘现场为学生进行应聘指导，并根据学生实际推荐就业岗位。

3. 项目巩固阶段（2020 年 1—6 月）：确保全体 2017 级特殊困难学生顺利就业

受新冠病毒感染疫情影响，2017 级毕业生面临巨大的就业压力，学院采取了积极的应对措施。首先，对特殊困难学生顶岗实习进行跟踪指导，以实习促就业。其次，鼓励特殊困难学生多途径就业，对于希望通过专升本提升学历的学生予以鼓励与支持。最后，对特殊困难学生实行一对一的就业帮扶指导，并持续跟踪其就业情况。

（二）项目完成情况

一是教职工树立发展型资助的工作理念。资助育人作为思想政治教育与实践相结合的具体典范，有利于增强思想政治教育的育人实效性和针对性。该项目通过教职工树立发展型资助工作理念，有利于实现全员育人目标。

二是 2017 级特殊困难学生整体呈现积极向上的风貌。首先是思想上追求进步，有 4 名学生成为中国共产党党员，1 名学生成为党员发展对象。其次是学习上努力进取，连锁经营管理专业的苏同学获得 2019 年国家奖学金；报关与国际货运专业的张同学获得 2019 年国家技能大赛一等奖，被评为学校 2019 年技能标兵。最后是个人发展目标明确，在 2017 级特殊困难学生中，有 1 名学生自主创业，25 名学生通过专升本考试，其他学生均顺利就业。

第十章

组织育人：高职院校学生党员质量提升路径探析

大学生党员是青年学生中的先进分子和模范群体，也是党员队伍中最年轻、最有活力的群体。重视学生党员发展工作，提高学生党员发展质量，是壮大基层党组织力量、优化党员结构的重要举措，直接关系到高校党建工作成效，关系高校有效落实立德树人的根本任务。高校的改革发展、国际国内的复杂形势、网络媒介的普及应用等对学生党员发展工作提出新的要求和挑战。中国高等职业教育已经占据高等教育的半壁江山，提高高职院校学生党员发展质量，是新时代推动高校党建和高等职业教育改革发展的重大课题。

一、高职院校学生党员质量提升的必要性和重要性

习近平总书记在党的十九大上向世界郑重宣示，经过长期努力，中国特色社会主义进入了新时代[①]。中国特色社会主义新时代，国内、国际形势发生了新变化，大学生的成长环境与思想特点也发生了新变化，做好新时代大学生党员发展和教育管理，提升学生党员质量，关系党的建设新的伟大工程的继续推进。

（一）顺应新时代的新挑战

新时代面临新挑战，世界正处在大发展大变革大调整时期，我国的社会主要矛盾发生了变化，新的世情与新的国情对大学生党员质量提升提出新要求。

首先，新的世情对大学生党员质量提出新要求。和平与发展仍是当今时代主题，我国综合实力不断提升，正日益走近世界舞台中央，世界形势对我国的全面深化改革和社会主义现代化建设有着至关重要的影响。信息化进一步拉近了中国与世界的距离，进一步加深了经济、政治、文化全球

[①] 习近平. 决胜全面建成小康社会 夺取新时代中国特色社会主义伟大胜利——在中国共产党第十九次全国代表大会上的报告[M]. 北京：人民出版社，2017：10.

化程度。中国互联网络信息中心（CNNIC）发布的第52次《中国互联网络发展状况统计报告》显示，截至2023年6月，我国网民总体规模达10.79亿，20～29岁网民占比20.3%[①]，在所有年龄段群体中占比位列第四。新时代的大学生一出生就与网络信息时代无缝对接，他们的思维方式与生活价值观更为开放，呈现多元化特点。如何根据新时代大学生党员的思想行为特点开展正确引导，是新时代学生党员教育管理亟待解决的问题。

其次，新的国情对大学生党员质量提出新要求。我国社会主要矛盾已经转化为人民日益增长的美好生活需要和不平衡不充分的发展之间的矛盾。社会主要矛盾的变化对党和国家工作提出了新要求，但我国仍处于并将长期处于社会主义初级阶段，这是继续推进改革开放和社会主义现代化建设的最大国情。中国共产党是中国特色社会主义事业的坚强领导核心。根据中共中央组织部中国共产党党内统计公报显示，截至2022年12月31日，中国共产党党员总数为9 804.1万名。历经百年风雨，中国共产党从小到大、由弱到强，从建党时50多名党员，发展成为今天已经拥有9 800多万名党员、在14亿多人口的大国长期执政的党[②]。近年来，中国共产党对大学生的吸引力不断增强。根据教育部2016年大学生思想政治状况滚动调查显示：86.6%的学生对"党的创造力、凝聚力、战斗力进一步增强"表示乐观，以习近平同志为核心的党中央在大学生心目中的形象更加鲜活、更加丰满。根据中国共产党党内统计公报，截至2022年12月31日，全国学生党员数为290.1万名，约占总数的3.2%；2022年共发展学生党员93.6万名，约占全国学生党员总数的32.26%。当前，我国正处于实现中华民族伟大复兴的关键时期，大学生党员质量提升关系着党和国家的长远命运。

---

① 中国互联网信息中心.第52次《中国互联网络发展状况统计报告》[EB/OL].（2023-08-28）[2023-09-10]. https://www.cnnic.net.cn/n4/2023/0828/c88-10829.html.

② 中共中央组织部.中国共产党党内统计公报[EB/OL].（2023-06-30）[2023-09-10]. https://www.gov.cn/yaowen/liebiao/202306/content_6889177.htm.

（二）顺应高职院校党建工作的新要求

党的战斗力关键在于党员的质量，建设一支高素质的大学生党员队伍是加强高校党建工作的应然之举。大学生作为我们党的新鲜血液，年龄轻，素质高，未来将在工作岗位成长为模范骨干，是党的生力军和后备力量。高校是向党组织输送新鲜血液的坚实阵地，学生党员队伍建设是高校党建工作中的基础工程，中共中央组织部、中共中央宣传部、中共教育部党组印发的《关于进一步加强高校学生党员发展和教育管理服务工作的若干意见》指出，要"努力建设一支信念坚定、素质优良、规模适度、结构合理、纪律严明、作用突出的高校学生党员队伍。"[1]大学生党员的质量直接反映高校党建工作开展情况，关系党和国家事业接班人的培养。

首先，高职院校新发展对大学生党员质量提出新要求。高校是党领导下的高校，是中国特色社会主义高校。根据《2022年全国教育事业发展统计公报》，2022年各种形式的高等教育在学总规模4 655万人，高等教育毛入学率为59.6%；普通本科学校校均规模16 793人[2]。我国已建成世界上最大规模的高等教育体系，对培养社会主义合格建设者和可靠接班人，具有重大而深远的意义。我国有本科层次职业学校32所，高职（专科）学校1489所，本科层次职业学校校均规模19 487人，高职（专科）学校校均规模10 168人，中国高等职业教育已经占据高等教育的半壁江山[3]。全国高职院校校均规模明显提高，这与2019年高职百万扩招政策密切相关。根据2019年与2020年的《政府工作报告》，"要改革完善高职院校考试招生办法，鼓励更多应届高中毕业生和退役军人、下岗职工、农民工等报

---

[1] 中共中央组织部 中共中央宣传部 中共教育部党组关于进一步加强高校学生党员发展和教育管理服务工作的若干意见[EB/OL].（2013-07-13）[2023-05-18]. http://www.moe.gov.cn/srcsite/A12/s7060/201307/t20130703_154012.html.

[2] 2022年全国教育事业发展统计公报[EB/OL].（2023-07-05）[2023-09-08]. http://www.moe.gov.cn/jyb_sjzl/sjzl_fztjgb/202307/t20230705_1067278.html.

[3] 2022年全国教育事业发展统计公报[EB/OL].（2023-07-05）[2023-09-08]. http://www.moe.gov.cn/jyb_sjzl/sjzl_fztjgb/202307/t20230705_1067278.html.

考，2019 年大规模扩招 100 万人。"①"今明两年职业技能培训 3500 万人次以上，高职院校扩招 200 万人，要使更多劳动者长技能、好就业。"②2019—2022 年高职院校招生规模连续 4 年超过普通本科招生规模。全国高职在校生规模不断攀升，根据《2023 年高等职业教育质量年度报告》，1407 所高职院校（包括本科层次职业院校）公布了全日制在校生人数，2022 年全国共有 684 所高职院校全日制在校生人数超过 1 万人，江苏联合职业技术学院 2022 年全日制在校生人数 77 068 人，位居全国第一③。高职院校为经济可持续发展积蓄人力资源的同时，学生培养质量也面临新的挑战。高职院校学生的多元化，导致求学动机和成才理想以及人际交往等多方面与普通本科学校的学生存在差异，对高职院校学生党员的培养提出了新要求。

其次，新时代大学生素质提升对学生党员质量提出新要求。学生党员是学生中的先进分子，具有模范带头作用。提升大学生党员质量，一方面为党组织注入了新鲜血液，维护了党的良好形象，增强了党组织的吸引力与号召力；另一方面为其他学生树立了学习的榜样，并在思想、学习和生活上深入同学、帮助同学，大家共同进步。根据《实施精准思政提升党建质量"十三五"时期高校思想政治工作改革发展情况》，88.8%的学生认为新发展的大学生党员质量"好"或"较好"，93.6%的非党员学生认为学生党员先锋模范作用"能充分发挥"或"基本能够发挥"④。

最后，高职院校学生思想政治教育工作对学生党员质量提出新要求。

---

① 李克强.政府工作报告——2019 年 3 月 5 日在第十三届全国人民代表大会第二次会议上[EB/OL].（2019-03-16）[2023-09-08].https://www.gov.cn/premier/2019-03/16/content_5374314.htm.

② 李克强.政府工作报告——2020 年 5 月 22 日在第十三届全国人民代表大会第三次会议上[EB/OL].（2020-05-29）[2023-09-08].https://www.gov.cn/premier/2020-05/29/content_5516072.htm.

③ 高职发展智库.最新！全国高职院校在校生人数排行榜出炉[EB/OL].(2023-07-14)[2023-09-08].http://www.zggzzk.com/redianzixun/shownews.php?id=1225.

④ 教育部思想政治工作司.实施精准思政提升党建质量"十三五"时期高校思想政治工作改革发展情况[EB/OL].（2020-12-03）[2023-05-18].http://www.moe.gov.cn/fbh/live/2020/52717/sfcl/202012/t20201203_503055.html.

学生党员队伍建设是学生思想政治教育工作的重点和关键工作，不断加强、改进与完善学生党建工作，能为高职院校思想政治教育开拓新视角，使高等职业教育的内容更加完善。明确新时代高职院校学生党员培养教育面临的新要求新特点，有利于提升习近平新时代中国特色社会主义思想在高校的影响力，有利于完善高职院校学生党员培养教育理论，为推动基层党建工作进一步发展奠定理论基础。

二、高职院校学生党员培养现状调研

2018年开始，大学生群体迎来了"00后"，他们生长在文化和价值多元的新时代，行为习惯与价值理念发生了新的变化。为了更好地了解高职院校学生党员入党动机及学生党员培养情况，现以重庆某高职院校为研究对象，通过问卷调查与访谈调查相结合的方式开展调研。问卷调查围绕学生党员入党动机开展；访谈调查通过对部分发展对象、学生党员及教师党员、党务工作者进行访谈，以补充问卷调查结果，充分掌握高职院校学生党员培养现状。

本次调研共647名学生参与问卷调查，其中男生约占比25.66%，女生约占比74.34%；大一学生约占比27.67%，大二学生约占比50.7%，大三学生约占比21.63%；中共党员（含预备党员）约占比5.41%，入党积极分子约占比18.24%，共青团员（不包含入党积极分子）约占比63.68%，群众约占比12.67%（见图10-1），调查样本基本覆盖了该高职院校学生的各个群体。根据调查结果，绝大部分学生对党的认识正确，入党动机端正，学生党员在学生群体中起到了较好的模范带头作用，学校的党课在促进学生党员掌握党的基本理论知识，增加对党的认识等方面发挥了重要作用。

第十章　组织育人：高职院校学生党员质量提升路径探析

群众，12.67%
中共党员(含预备党员)，5.41%
入党积极分子，18.24%
共青团员(不含入党积极分子)，63.68%

中共党员(含预备党员)
入党积极分子
共青团员(不包含入党积极分子)
群众

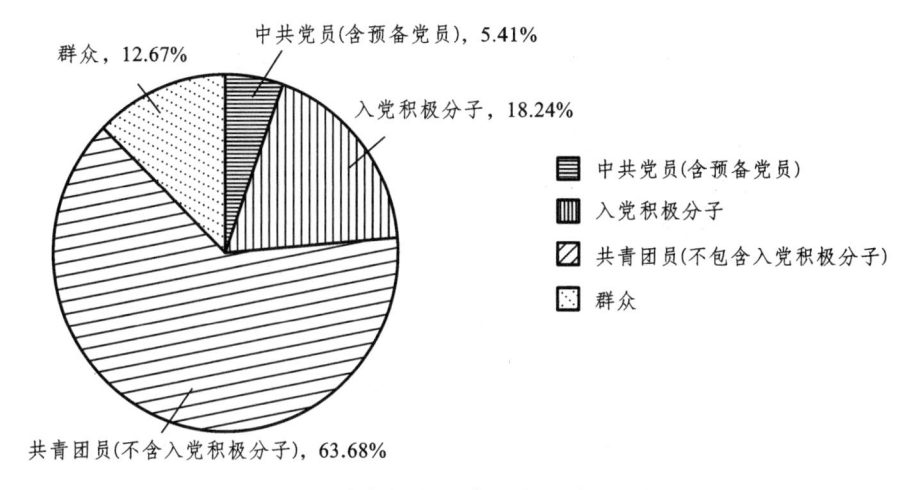

图 10-1　参与问卷调查学生的政治面貌

（一）学生党员入党动机端正

入党动机，回答了为什么入党的问题，是一个人要求入党的内在动力。正确的动机，是正确行动的推动力量，是维护党组织纯洁性的关键。根据调查结果，该高职院校大多数学生对党的认识是正确的，入党动机端正。

首先，该高职院校大多数学生对党的认识是正确的。调查结果显示，学生对于"党的性质、宗旨、奋斗目标、基本路线、党员发展制度"的了解情况分别为：非常了解约占比 21.95%，比较了解约占比 54.41%，知道一点约占比约 21.79%，不了解约占比 1.85%（见图 10-2）。

175

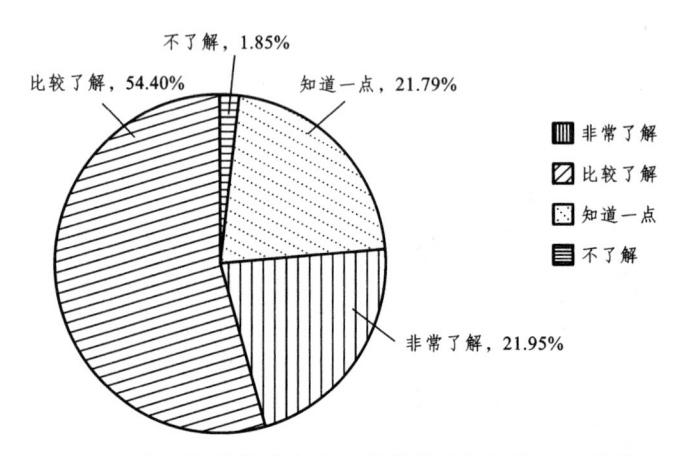

图 10-2 参与问卷调查学生对党的基本知识的了解情况

其次，该高职院校绝大多数学生的入党动机端正。调查结果显示，关于大学生入党动机（多选），认为"是一种政治信仰，有共产主义信念"约占比 94.74%，"视入党是一种荣誉"约占比 72.33%，"注重考虑现实利益，有利于以后找工作和升迁"约占比 35.39%，"长辈的期望和要求"约占比 23.18%（见图 10-3）。调查显示，有强烈入党意愿的同学受身边优秀党员的影响较大，特别是 2020 年新冠病毒感染疫情防控期间，抗疫前线党员同志的优秀事迹对新时代大学生有积极的感染与带动作用。

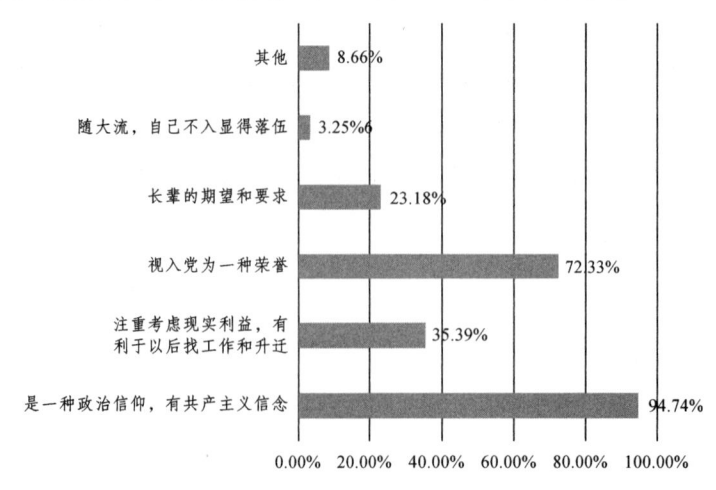

图 10-3 参与问卷调查学生的入党动机（多选）调查结果

最后，绝大多数学生的入党态度积极且家人支持。调查结果显示，关于周围的同学对于入党的态度，认为"大多数同学想入党"的占比 72.18%；关于亲人对学生入党的看法，持支持态度的占比 88.1%；关于对身边积极入党的同学的看法，持有积极观点的占比 79.44%即"入党是光荣的，是一种积极要求进步的表现"（见图 10-4）。

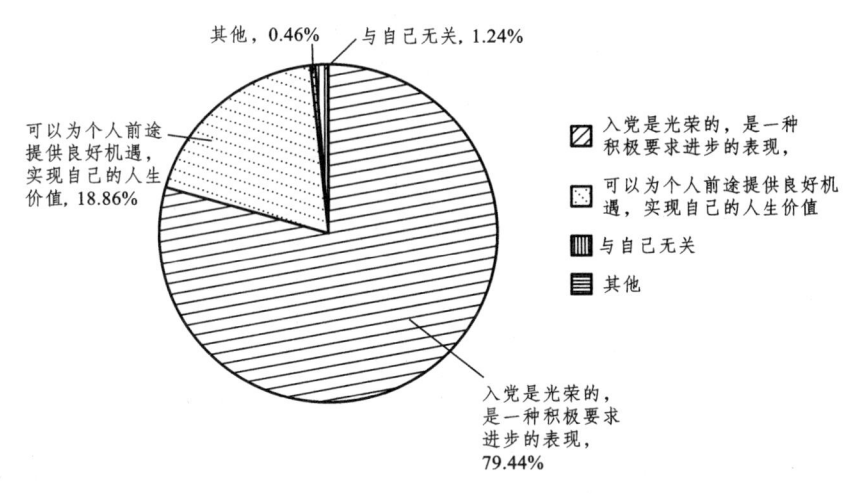

图 10-4 对积极入党同学的观点调查结果

（二）学生党员较好地发挥了先锋模范作用

中国共产党是中国工人阶级的先锋队，同时是中国人民和中华民族的先锋队，共产党员在任何条件下都要发挥先锋模范作用，这是对每个党员的基本要求。根据调查结果，该高职院校发展的学生党员在学生中具有一定的号召力，能起到先锋模范作用，但因个人成长不够，还存在一定不足。

首先，学生党员的发展标准要求学生党员具有一定思想觉悟，在学生中具有代表性。调查结果显示，关于入党的主要条件（多选），"自身的觉悟,道德修养""学习成绩优异""社团活动出色"的占比分别约为 96.45%，83.93%，64.3%，即发展学生党员要求德智体美劳全面发展，综合表现俱佳(见图 10-5)。学生党员的发展标准得到了认可，认为很合理的占比 63.06%，

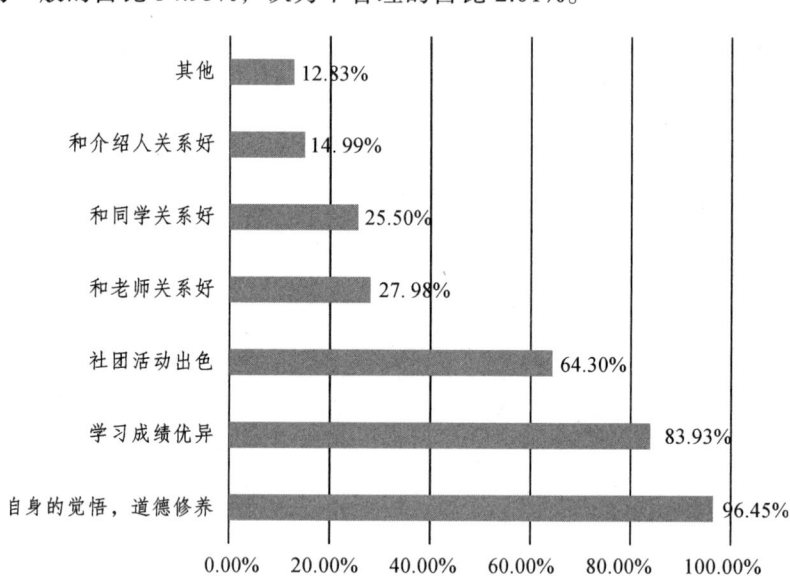

认为一般的占比 34.93%，认为不合理的占比 2.01%。

类别	百分比
其他	12.83%
和介绍人关系好	14.99%
和同学关系好	25.50%
和老师关系好	27.98%
社团活动出色	64.30%
学习成绩优异	83.93%
自身的觉悟，道德修养	96.45%

图 10-5 关于入党的主要条件（多选）调查结果

其次，学生党员能较好地起到先锋模范作用。调查结果显示，身边的党员"多数能在各方面起到先锋模范作用"约占比 54.25%，"基本能在各方面起到先锋模范作用"约占比 35.24%，"和一般普通同学没有区别"的占比 10.51%。关于身边同学哪些是党员，"很清楚"约占比 35.7%，"知道一些"约占比 49%，"完全不知道"约占比 13.45%，"不感兴趣"约占比 1.85%，这说明学生党员的发展工作具有较好的公开性，但学生党员亮明身份的力度还需加强。

最后，学生党员还需要继续加强教育。对于大学生党员应该具备的重要条件（多选），调查结果显示，政治要求被放在第一位，"有坚定的共产主义信仰和矢志不渝的追求"约占比 96.29%；"无私的奉献精神"约占比 86.55%，体现了中国共产党全心全意为人民服务的宗旨；"杰出的综合能力"约占比 85.78%，即学生党员须综合表现优异，具有先锋模范作用；"优秀的学习成绩"约占比 74.65%，即学生党员需经营好自己的主业学习；

"良好的人际关系"约占比 65.84%，即学生党员须有良好的群众基础，能较好贯彻中国共产党一切为了群众，一切依靠群众，从群众中来，到群众中去的根本工作路线（见图 10-6）。

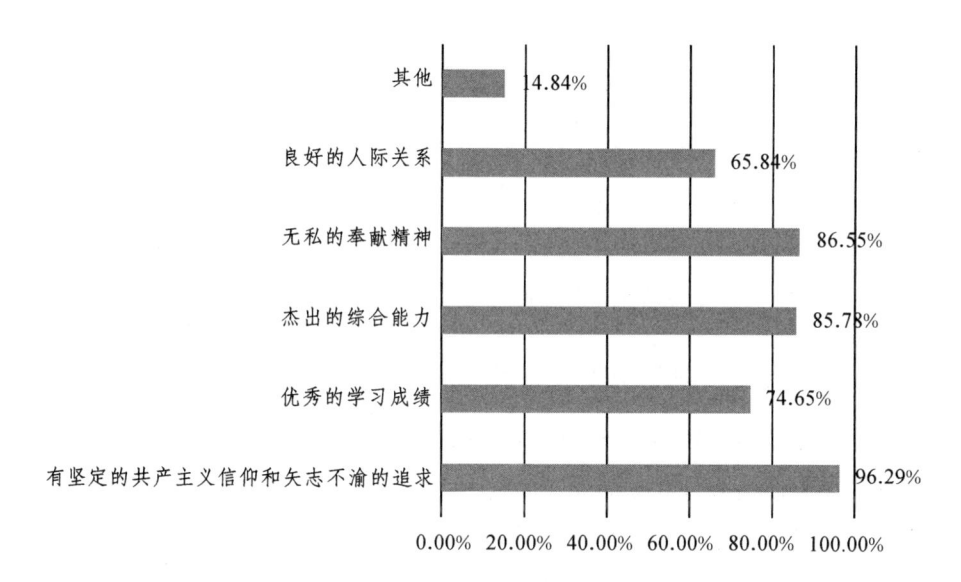

选项	百分比
其他	14.84%
良好的人际关系	65.84%
无私的奉献精神	86.55%
杰出的综合能力	85.78%
优秀的学习成绩	74.65%
有坚定的共产主义信仰和矢志不渝的追求	96.29%

图 10-6 关于大学生党员应具备的重要条件（多选）调查结果

对比大学生党员应该具备的重要条件，高职院校学生党员还存在一定的差距。关于当前学生党员思想上存在的不足（多选），调查结果显示，"缺乏大局观念和全局意识"约占比 61.05%，即学生党员需拓宽视野，提升思想境界；"政治理论学习不够、政策水平较差"约占比 58.27%，"没有树立起全心全意为人民服务的理念，缺乏奉献意识"约占比 54.56%，即学生党员需加强理论学习，提高宗旨意识（见图 10-7）。

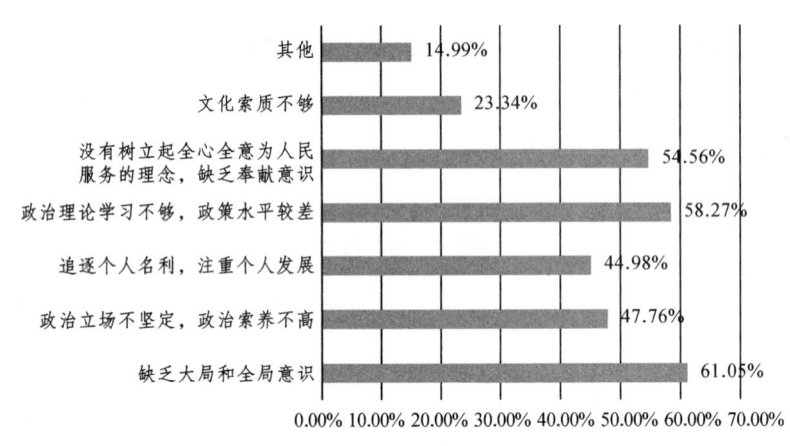

```
其他                                    14.99%
文化素质不够                            23.34%
没有树立起全心全意为人民
服务的理念，缺乏奉献意识                54.56%
政治理论学习不够，政策水平较差          58.27%
追逐个人名利，注重个人发展              44.98%
政治立场不坚定，政治素养不高            47.76%
缺乏大局和全局意识                      61.05%
       0.00% 10.00% 20.00% 30.00% 40.00% 50.00% 60.00% 70.00%
```

图 10-7 关于当前学生党员思想上存在的不足（多选）调查结果

（三）党课是对学生党员进行教育和培养的重要途径

党课是高职院校加强学生党员思想政治教育的重要渠道，在高职院校大学生思想政治教育和党的建设中具有重要的地位，在培养学生骨干、提高学生党员综合素质中发挥着不可替代的主渠道作用。

首先，党课是学生党员学习党的知识的主要方式。由于高职院校大学生的学习主动性相对缺乏，因此学习、了解党的理论的途径主要是学校教育。关于学习、了解党的主流意识形态的途径（多选），调查结果显示，"党校、团课、形势与政策等学校教育"约占比81.45%，"电视报纸广播、网络等媒体"约占比12.36%；"参加过党课培训"的约占比47.91%。

其次，党员教育的形式应该更加多样化。关于参加党课培训的目的（多选），调查结果显示，该高职院校学生参加党课学习的目的非常正确，"学习党的基本理论知识，增加对党的认识"的占比95.67%，"端正思想认识，树立正确的入党动机"约占比91.81%，"学习党员的优良品质，增强责任感"约占比89.95%，"了解国家大事和国际形势，增强社会责任感"约占比83.15%（见图10-8），党课对学生党员了解党的基本理论知识、端正入党动机至关重要。为提高学生党员教育的有效性，基层党组织应开展形式多样的教育活动，但理论教育仍是最为重要的，关于党支部应重点开展的活动（多选），调查结果显示，"上党课，学习上级精神"与"读书交流活动"的占比分别约为 88.25%、78.67%（见图 10-9）。

参加党课培训目的	占比
能够获得党校结业证书，方便入党	32.77%
了解国家大事和国际形势，增强社会责任感	83.15%
学习党员的优良品质，增强责任感	89.95%
端正思想认识，树立正确的入党动机	91.81%
学习党的基本理论知识，增加对党的认识	95.67%

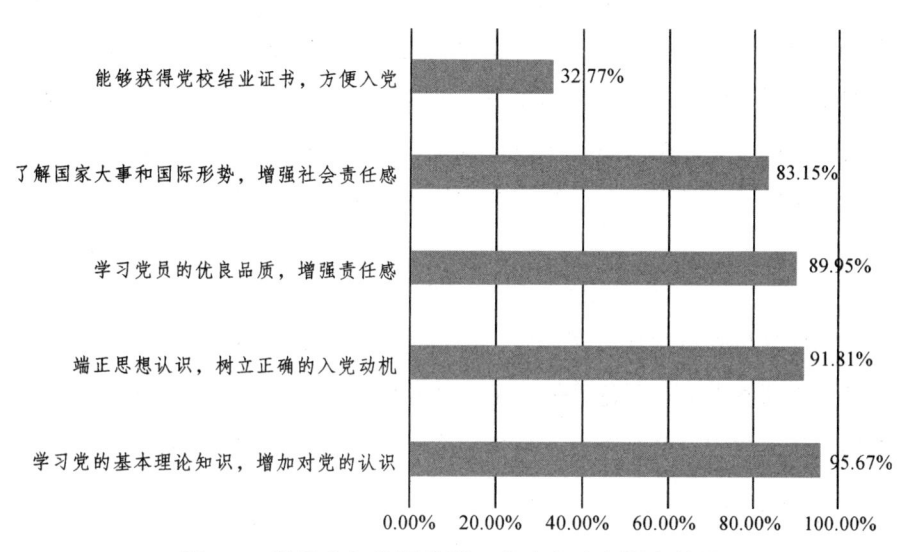

图 10-8 关于参加党课培训目的（多选）调查结果

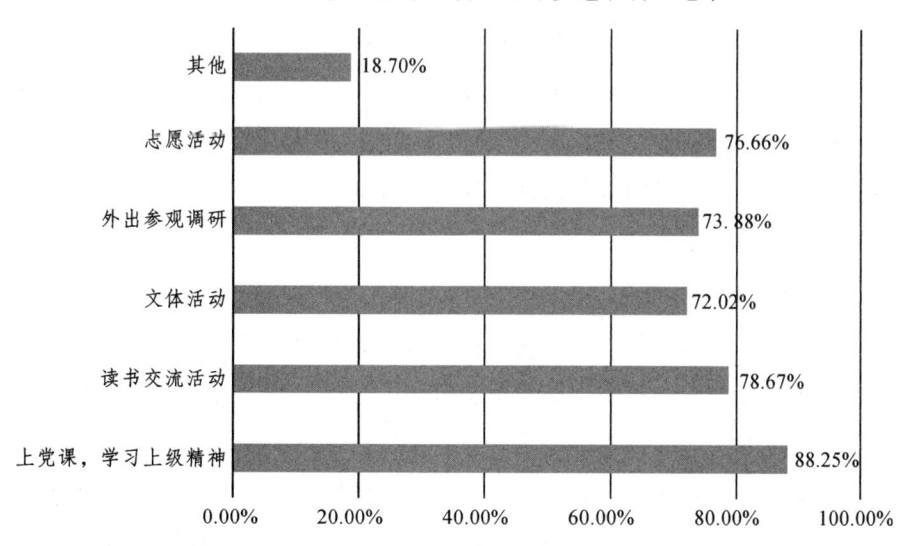

党支部应重点开展的活动	占比
其他	18.70%
志愿活动	76.66%
外出参观调研	73.88%
文体活动	72.02%
读书交流活动	78.67%
上党课，学习上级精神	88.25%

图 10-9 关于党支部应重点开展的活动（多选）调查结果

三、高职院校学生党员质量提升的路径

党员发展是党的基层组织的一项经常性重要工作，是党员队伍建设的重要组成部分。根据《中国共产党发展党员工作细则》，发展党员应按照"控制总量、优化结构、提高质量、发挥作用"的总要求，坚持党章规定的党员标准，始终把政治标准放在首位。高职院校应以高度的政治责任感抓好学生党员质量提升，广撒深播"红色种子"，不断壮大党的力量。

（一）严格学生党员的培养与发展

发展学生党员包括申请入党、确定入党积极分子、确定和考察发展对象、接收预备党员、预备党员转正5个阶段，25个步骤。在学生党员的培养和发展过程中，必须把好入党的各个关口，确保"源头清澈"。

1. 严格学生党员发展的标准

党员合格的标准是具体的、历史的，党员发展工作应坚持党章规定的党员标准，始终把政治标准放在首位。根据中共中央办公厅印发的《"两学一做"学习教育方案》中的"讲政治、有信念，讲规矩、有纪律，讲道德、有品行，讲奉献、有作为"合格党员标准，严格发展党员标准和程序，坚持不懈地把"四讲四有"标准贯彻落实到党员发展与教育管理工作中，才能确保党员发展质量。

1）严明政治标准

讲政治，有信念是对党员的根本要求。党章中明确规定，发展党员，必须把政治标准放在首位，必须信念坚定、对党忠诚、为民服务与严守纪律。这是从源头上确保党员政治合格，确保新发展的每名党员都是具有共产主义觉悟的先锋战士。党员是党组织的"细胞"，只有全体党员都把讲政治放在首位，才能维护党员队伍的先进性与纯洁性。高职院校在发展学生党员时必须把思想政治标准作为考察积极要求入党学生的首要标准。首先，学生必须端正入党动机，对党的性质和宗旨认识正确，思想上有迫切

的入党愿望。其次，学生在实际行动上有不断追求思想进步的积极表现，包括参加党的基础知识培训并顺利结业；学习思想政治课程，通过课程考核；学习、工作与生活中严于律己、关心集体、乐于助人等。

2）严守纪律标准

"不以规矩，不能成方圆"，《关于新形势下党内政治生活的若干准则》强调："政治纪律是党最根本、最重要的纪律，遵守党的政治纪律是遵守党的全部纪律的基础。"[1]新时代党员队伍建设，要求用严明的纪律来管党治党。高职院校在发展和培养学生党员时必须加强学生党员的政治纪律和政治规矩教育，只有每名学生党员能自觉用党章规范自我言行，坚定政治信仰与政治立场，才能确保党员队伍前进方向的一致性。习近平总书记在第十八届中央纪律检查委员会第五次全体会议上强调，党章是全党必须遵循的总章程，也是总规矩，政治纪律更是全党在政治方向、政治立场、政治言论、政治行动方面必须遵守的刚性约束。国家法律是党员、干部必须遵守的规矩，党在长期实践中形成的优良传统和工作惯例也是重要的党内规矩。[2]大学生党员应学习、认同、遵守和维护党章、政治纪律、国家法律和党在长期实践中形成的优良传统和工作惯例，自觉遵守校规校纪，让规矩和纪律入脑入心，这样才能保持自己作为一名党员的先进性和纯洁性。

3）严把道德标准

"国无德不兴，人无德不立。"高职院校在发展和培养学生党员时必须严把道德标准，从日常行为着手，培养良好的文明行为和道德素养，自觉遵守校规校纪，生活上勤俭节约，学习积极进取，工作脚踏实地，各个方面都能展现出健康积极向上的精神风貌。2018年习近平总书记在主持中

---

[1] 关于新形势下党内政治生活的若干准则[EB/OL].（2016-11-02）[2023-05-20]. http://www.cac.gov.cn/2016-11/02/c_1119838508_2.htm?ivk_sa=1024320u.
[2] 习近平在十八届中央纪委五次全会上发表重要讲话强调：深化改革巩固成果 积极拓展 不断把反腐斗争引向深入[EB/OL].（2015-01-13）[2023-05-20]. https://news.12371.cn/2015/01/13/ARTI1421145220176619.shtml.

共中央政治局第十次集体学习时强调："我们党历来强调德才兼备，并强调以德为先。德包括政治品德、职业道德、社会公德、家庭美德等，干部在这些方面都要过硬，最重要的是政治品德要过得硬。"[①]大学生党员应自觉传承党的优良作风，弘扬中华优秀传统美德，践行社会主义核心价值观，恪守社会公德、职业道德、家庭美德和个人品德，自觉远离低级趣味，坚决抵制歪风邪气，坚守共产党人的精神高地。

4）执行服务标准

"全心全意为人民服务"是党的宗旨，"讲奉献、有作为"是共产党员应有的政治品格，也是共产党员先进性的重要体现。高职院校在发展和培养学生党员时必须执行服务标准，时刻牢记入党誓词，永远铭记全心全意为人民服务的宗旨。习近平总书记对黄文秀同志先进事迹作出重要指示，号召广大党员干部和青年同志要以她为榜样，不忘初心、牢记使命、勇于担当、甘于奉献，在新时代的长征路上做出新的更大奉献[②]。大学生党员应主动培养服务意识，积极帮助同学，服务老师、班级、学校，带动全体同学一起进步，为班级和学校发展贡献个人力量；积极参与社会公益活动，乐于助人，回报社会。

2. 严把学生党员发展的程序

《中国共产发展党员工作细则》强调："坚持慎重发展、均衡发展，有领导、有计划地进行；坚持入党自愿原则和个别吸收原则，成熟一个，发展一个。"[③]高职院校基层党组织要切实规范发展程序，严格把好考察关，不断完善学生党员发展全过程管理，提升学生党员队伍素质。

---

① 习近平在中共中央政治局第十次集体学习时强调 严把标准公正用人拓宽视野激励干部 造就忠诚干净担当的高素质干部队伍[EB/OL].（2018-11-26）[2023-05-20]. https://www.gov.cn/xinwen/2018-11/26/content_5343441.htm?cid=303.

② 习近平对黄文秀同志先进事迹作出重要指示强调 不忘初心牢记使命勇于担当甘于奉献 在新时代的长征路上做出更大贡献[N]. 人民日报，2019-07-02（1）.

③ 中国共产党发展党员工作细则[M]. 北京：人民出版社，2014：2.

1）严格团组织推优程序

中国共产主义青年团是中国共产党的助手和后备军，《共青团推优入党工作实施办法（试行）》强调："推荐优秀共青团员作党的发展对象（以下简称'推优'），是党赋予共青团组织的一项光荣任务。""团组织既可推荐团员中的入党积极分子成为党的发展对象，也可推荐团员中的入党申请人成为入党积极分子。""25岁至35周岁青年入党，一般应听取所在单位或所在地团组织意见。"①高职院校在发展和培养学生党员时必须充分发挥团组织的作用，严格推优条件，确保考察候选人政治思想上先进、道德品行上先进、发挥作用上先进与执行纪律上先进；规范工作程序，通过个别谈话、听取群众意见、团组织无记名投票选拔等方式产生候选人名单，最终推荐名单通过召开"推优"大会产生，确保考察结果公平公正。

2）严格入党动机考察

入党动机是一个人要求入党的内在动力，也将影响党员同志的行为，树立正确的入党动机十分重要。端正入党动机，从大的方面讲，包括是否具有为共产主义事业奋斗终身的坚定信念，是否具有全心全意为人民服务的坚定决心，是否具有在学习、工作和生活中起模范带头作用的实际行动；从小的方面讲，就是看一个同志有没有良好的品行，对党的动态是否了解，在日常生活中是不是乐于助人等。②高职院校应把端正入党动机作为对申请入党学生的最基本要求，当学生递交入党申请书时，基层党组织须派人结合申请书的内容与申请人谈话，严格考察入党动机，同时帮助他们端正入党动机，这是保证党员质量的一个重要环节。高职院校应对入党积极分子安排培养联系人，通过按时听取入党积极分子的个人思想汇报，广泛听取同学、辅导员、任课教师的意见，全面把握其思想动态及现实表现。《中

---

① 共青团推优入党工作实施办法（试行）[EB/OL]．（2019-08-29）[2023-05-20]. http://youth.qingdao.gov.cn/tngz2/202209/P020220907382994463106.pdfl.
② 我们应该从哪些方面来把握正确的入党动机？[EB/OL]．（2012-06-21）[2023-03-20]．https：//fuwu.12371.cn/2012/06/15/ARTI1339743629942334.shtml.

国共产党发展党员工作细则》规定："党支部每半年对入党积极分子进行一次考察。"考察的第一项就是入党动机是否端正。

3）严格培养过程的考察

理论学习是思想教育的基础，只有加强党的基本理论知识学习，才能更好地理解和领会党的路线、方针、政策，用思想武装头脑，更加自觉地向党组织靠拢，更好地为人民服务。学生递交入党申请书至成为预备党员要经过党的基础知识培训、入党积极分子培训及发展对象培训，以加强党的基本理论知识学习。高职院校应严格培训的纪律要求，严格培训过程的学习要求，严格考试要求等，让学生的思想政治理论水平有所升华，同时也要考察了学生是否具有坚定的入党信念。

（二）加强高职院校学生党员的教育管理

1. 强化学生党员的教育管理

高职院校应根据《关于进一步加强高校学生党员发展和教育管理服务工作的若干意见》，加强入党积极分子培养教育，把对入党积极分子的培养教育作为发展学生党员工作的着力点，做好思想上入党工作；强化党员教育培训，以增强党性、提高素质为重点，构建多层次、多渠道的学生党员经常性学习教育体系；拓宽党员教育培养途径，坚持理论学习与实践锻炼相结合，组织学生党员广泛开展社会实践活动。

1）强化学生党员教育内容

根据习近平总书记关于新时代党员教育的论述，大学生党员教育内容包括三个方面。一是理想信念教育。习近平总书记在十八届中央政治局第一次集体学习时的讲话中指出："坚定理想信念，坚守共产党人精神追求，始终是共产党人安身立命的根本。对马克思主义的信仰，对社会主义和共产主义的信念，是共产党人的政治灵魂，是共产党人经受住任何考验的精神支柱。"①二是理论教育。习近平总书记在2013年的全国宣传思想工作会议上强调："领导干部特别是高级干部要把系统掌握马克思主义基本理论作为看家本领，老老实实、原原本本学习马克思列宁主义、毛泽东思想特别是邓小平理论、'三个代表'重要思想、科学发展观……学会运用马克思主义立场、观点、方法观察和解决问题，坚定理想信念。"②三是党章党规教育。习近平总书记在《认真学习党章 严格遵守党章》一文中指出："全党要牢固树立党章意识，真正把党章作为加强党性修养的根本标准，作为指导党的工作、党内活动、党的建设的根本依据，把党章各项规定落实到行动上、落实到各项事业中。"③

2）丰富学生党员教育形式

首先，加强入党启蒙教育。入党启蒙教育是新生入校的第一堂党课，是帮助大学生正确认识党组织，树立正确入党动机至关重要的一课。高职院校可以通过基层党组织集体讲授、教师党员联系班级、学生党员联系寝室等形式，传播党的基本知识，激励学生在政治上不断进取，端正入党动机，踊跃提出入党申请，积极向党组织靠拢。

其次，有效开展教育活动。新时代大学生生活在信息爆炸的时代，他们关注社会热点。高职院校可以运用社会发展中的实例开展课堂讨论和课下思考，培养学生自觉学习、独立思考的能力；集中影视、音乐、诗歌等内容丰富、形式多样的教育资源，采取在线教学手段，提升教育的生动性与吸引力；开展志愿服务、参观红色教育基地等实践活动，增强教育的趣味性与实效性。

---

① 习近平. 紧紧围绕坚持和发展中国特色社会主义 学习宣传贯彻党的十八大精神——在十八届中共中央政治局第一次集体学习时的讲话[EB/OL]. （2012-11-17）[2023-05-21]. https://www.neac.gov.cn/seac/cyzd/201406/1016200.shtml.

② 边立新. 系统掌握马克思主义是领导干部看家本领[EB/OL]. （2013-09-01）[2023-05-21]. https://news.12371.cn/2013/09/01/ARTI13378046113611552.shtml?from=groupmessage&isappinstalled=0.

③ 习近平. 认真学习党章 严格遵守党章[EB/OL]. （2012-11-16）[2023-05-21]. http://www.gov.cn/ldhd/2012-11/19/content_2269862.htm.

3）强化学生党员教育队伍

首先，加强党员干部的培养。高职院校党建工作通常由二级学院的党总支书记、副书记和辅导员兼任，加强党员干部队伍建设，既可以保证党务工作随时有人"顶得上"，又可以为提高大学生党员质量提供组织保障。高职院校可以通过专题讲座、业务培训等方式，开展党的基本理论知识和党员发展工作培训，提高党员干部的理论知识水平和业务工作能力。高职院校可以通过安排党员干部上党课，担任班级联系人、入党积极分子培养人、入党介绍人等方式，让党员干部深入班级，在具体办事过程中完善工作方式，提高工作能力。

其次，树立党员干部的威信。发挥基层党组织党员干部的榜样作用，有助于提升党员教育的效果。高职院校应坚持以德为先的用人标准，党员干部须积极进取，具有较好的品德；坚持德才兼备的用人原则，党员干部须具有较强的专业能力与丰富的工作经验，引导学生党员思想进步与技能提升，将党建工作与事业发展相融合。

2. 完善学生党员的教育管理机制

《中国共产党党员教育管理工作条例》明确提出，"党员教育管理是党的建设基础性经常性工作"[1]。高职院校加强学生党员教育管理工作应在提高质量上下功夫，增强针对性和有效性，保持党员队伍的先进性和纯洁性。

1）加强学生党员的教育管理

首先，激发基层党组织活力，实现对学生党员教育管理的经常性。目前高职院校学生党员主流精神面貌积极向上，但部分存在"入党前加把劲，入党后松口气"的想法，党员意识减退；党组织生活主要通过"三会一课"开展理论学习，缺乏活力与吸引力，部分学生党员容易产生懈怠思想。高

---

[1] 中共中央印发《中国共产党党员教育管理工作条例》[EB/OL].（2019-05-21）[2023-05-22]. http://www.gov.cn/zhengce/2019/05/21/content_5393554.htm.

职院校应积极探索开展适合学生党员的具有多种形式的活动，给学生党员队伍建设提供源源不断的动力与活力；通过师生合编党支部或教师党支部与学生党支部结对共建方式，充分发挥教师党员的教育引导作用，将专业教育融入组织生活，增强组织生活的吸引力、感召力；扎实开展民主评议党员活动，促进学生党员按照党员标准加强自我教育和党性锻炼，努力成为"政治上的明白人、学习上的带头人、工作中的领头人"；通过树立、学习身边的榜样，引导学生党员严于律己、积极上进，发挥模范带头作用；通过经常性谈心谈话，分析学生党员思想状况和心理状态，坚持从严教育管理和热情关心爱护相统一，帮助他们成长。

其次，运用网络技术和信息化手段，实现对学生党员教育管理的信息化。《中国共产党党员教育管理工作条例》指出，坚持网上和网下相结合，搭建党员教育管理信息化平台，完成党建工作的业务应用，同时利用信息数据，以便对党员教育管理工作进行实时分析研判。以重庆市为例，2007年重庆市政府建立了12371党建平台，该平台具备党务管理、信息发布、学习培训、社会动员四大功能，为高职院校提高党务管理工作水平起到了重要作用。同时，高职院校应该运用网络技术开展党员教育，通过网络课程教育、网上考试答题、网上知识竞赛、网上党员论坛等多样化教育形式，使学习时间更灵活，教育效果更明显。

2）加强校外实习学生党员的教育管理

首先，重视学生党员主动学习与自我管理。学生党员是学生群体中的优秀分子，具有主动学习与自我管理的自觉性。校外实习学生党员因实习单位分散，实习岗位不同，实习时间零散，通过主动学习与自我管理的方式，能够兼顾学习与实习，有助于提高学生的管理效能及社会适应能力。

其次，重视基层党组织的教育管理作用。基层党组织的教师党员承担校外实习学生党员的指导工作，通过建立一对一的联系，定期开展谈心谈话，指导专业实习，开展思想教育。同时，教师党员还应通过联系企业指导老师或走访实习企业，了解学生党员的工作情况、党组织生活情况，有助于提高实习学生党员教育管理的针对性。

最后，深化校企合作的教育管理水平。学校与企业通过合作，共享资源与信息，实现人才培养的"双赢"。同时，高职院校应关注与企业开展党建共建，牢牢把握"培养什么人、怎样培养人、为谁培养人"这一根本问题，将党建工作和专业发展、服务企业、服务地方结合起来，以党建引领校企合作，有助于提高实习学生党员教育管理的实效性。

3）加强毕业学生党员的跟踪反馈

因高职院校学制三年的限制，部分学生党员在校培养发展只能到"预备党员"阶段，成长最快的学生刚刚完成转正。随着毕业学生党员党组织关系的转出，学校对其后续的成长与成才很容易就断了消息，从而也无法评价学生党员发展的质量情况。为加强毕业学生党员的教育管理，高职院校应通过主题教育活动对即将离校的学生党员再次开展理想信念教育，强调入党流程，强化党性修养要求；应建立毕业学生党员档案，关注学生党员毕业后的现实表现情况，跟踪学生预备党员毕业离校后是否如期转正，并为毕业学生党员提供适时的支持与帮助。

四、小结

重视大学生党员发展工作、提高党员发展质量，是壮大基层党组织力量、优化党员结构的重要举措。根据调查结果，高职院校绝大部分学生对党的认识正确，入党动机端正，学生党员在学生群体中起到了较好的模范带头作用，参加党课学习对促使学生党员掌握党的基本理论知识，增加对党的认识等方面起到了重要作用。高职院校应严格学生党员的培养与发展，加强学生党员的教育管理，进一步提升学生党员质量，把学生党员培养为青年学生中的先进分子和模范群体，成长为社会主义现代化建设的中坚力量。

五、实践分享——二级学院大学生入党积极分子培养工程

大学生入党积极分子的培养工作既是学校党建工作的一项主要内容，是针对青年学生开展思想政治教育的重要举措，也是"立德树人"根本任务的重要实践。基于生源质量、教育方式、学制时间和人才培养模式上与普通本科的差异，高职院校结合自身实际改革创新，开展学生入党积极分子培养工作，既有助于提升学生党性修养，又有助于推动学校思想政治教育工作。高职院校大学生入党积极分子培养工程（简称"培养工程"），应通过入党启蒙课堂、半月"史"谈、理论学习小组、入党积极分子联系寝室等活动，提升学生入党积极分子的党性修养和使命担当意识，促使高职院校大学生入党积极分子的培养工作更精细、更有效。

（一）工作措施分享

"培养工程"强化思想引领，引导学生学习习近平新时代中国特色社会主义思想，增强使命意识和责任意识；强化实践育人，将理论学习与社会实践相结合，培养服务意识和担当意识。

1. 思想引领

首先，注重入党启蒙教育，树立正确意识。"培养工程"将入党启蒙教育作为新生入学教育的一项重要内容：利用军训契机，提高新生政治素质；强化支部讲党课，开展启蒙教育，树立坚定理想信念；落实教师党员联系班级制度，把握学生入党动机；以老带新，发挥高年级预备党员、积极分子的模范带头作用。

其次，推进半月"史"谈，提升学习活力。"培养工程"坚持每半个月开展一次党史党性教育，有效弥补学校党课课时有限、内容面窄等问题；通过专题讲座、影视教育、参观学习、志愿服务、座谈交流等教育方式，增强教育的趣味性与吸引力，实现教育目标。

最后，组建理论学习小组，提高理论修养。"培养工程"组建理论学

习小组，定期开展主题学习讨论，深入学习党的基本知识、中华优秀传统文化等知识，丰富理论知识，坚定"四个自信"。同时，"培养工程"吸收入党积极分子参加党课、主题党日活动等，使他们更加了解和熟悉党内生活；适当给入党积极分子交任务、压担子，鼓励他们通过亲身实践更加坚定入党信念。

2. 实践育人

首先，开展红岩主题教育活动。"培养工程"发挥具有中共党史、马克思主义中国化研究等专业背景的一线学生工作者（辅导员、思想政治教育专业教师）的育人作用，依托重庆红色文化资源的优势，开展红岩主题演讲、红色教育基地参观等系列主题教育活动，寓教于乐，外化于行。

其次，鼓励参与社会志愿服务。"培养工程"鼓励入党积极分子利用节假日走进社区、走进农村参与社会志愿者服务，在服务他人、服务社会的过程中体验、感悟革命精神与中国共产党全心全意为人民服务的宗旨。同时，"培养工程"将培养入党积极分子与培养学生干部相结合，鼓励入党积极分子进入学生会进行锻炼，不断提升自身能力，深化党性修养。

最后，切实落实联系寝室制度。"培养工程"结合学校"三联系"制度（党员干部联系支部、教师党员联系班级、学生党员与入党积极分子联系寝室），落实入党积极分子联系寝室，锻炼他们密切联系同学、服务同学的能力。

（二）工作特色分享

1. 彰显"第二课堂"优势，强化理想信念

党组织教育活动和实践教育活动是大学生入党积极分子培养的"第二课堂"，是对"第一课堂"理论教育的延伸。"培养工程"通过开展吸引力强、参与度高的理论小组学习、主题教育活动和社会实践活动等，加强理想信念教育与爱国主义教育，有助于寓教于乐，外化于行。

2. 落实"全员育人"理念，增强育人作用

贯彻"全员育人、全程育人、全方位育人"理念，将思想政治理论课教师、辅导员与教师党员纳入"培养工程"工作队伍，充分发挥全员育人的功能，增强教职工主动开展思想政治教育工作的自觉性与积极性。

附：

新时代高职学生入党动机调查问卷

亲爱的同学：

为了进一步加强大学生党员的思想政治素质教育，促进中国共产党基层党组织的发展，我们特别组织了本次调查。本次调查问卷仅供学术研究使用，对你提供的信息我们将严格保密，再次对你的回答表示衷心感谢！

你的基本情况：

性别：（　　）

A. 男　　　　　　B. 女

所在年级：（　　）

A. 一年级　　　B. 二年级　　　　C. 三年级

政治面貌（　　）

A. 中共党员（含预备党员）　　　B. 入党积极分子

C. 共青团员　　　　　　　　　　D. 群众

1. 你对党的性质、宗旨、奋斗目标、任务、基本路线、党员发展的相关政策与制度是否了解。（　　）

A. 非常了解　　B. 比较了解　　C. 知道一点　　D. 不了解

2. 你知道党员的义务和权利吗？（　　）

A. 定时交纳党费就行了　　　　　B. 为人民服务

C. 不知道　　　　　　　　　　　D. 其他

3. 党在你心目中的形象是（　）

　　A. 仅仅是一个组织　　　　　　　　B. 是一个极具凝聚力的团体

　　C. 不清楚　　　　　　　　　　　　D. 其他

4. 你觉得大学生入党困难吗？（　）

　　A. 难　　　　　　　　　　　　　　B. 不难

5. 若你现在还不是党员，你是否打算申请入党？（　）

　　A. 已经递交入党申请书　　　　　　B. 准备递交入党申请书

　　C. 暂时没有入党的愿望　　　　　　D. 根本没打算入党

6. 多选：你认为大学生入党（包括自己在内）的主要动机是什么？（　）

　　A. 是一种政治信仰，有共产主义信念

　　B. 注重考虑现实利益，有利于以后找工作和升迁

　　C. 视入党是一种荣誉

　　D. 长辈的期望和要求

　　E. 随大流，自己不入党显得落伍

　　F. 其他

7. 你的亲人对大学生入党的看法。（　）

　　A. 很支持　　　　　B. 无所谓　　　　　C. 反对

8. 你周围的同学对于入党的态度。（　）

　　A. 所有人都想入党

　　B. 大多数想入党

　　C. 少部分人想入党，其他人持无所谓态度

　　D. 很多人不愿入党

9. 你对身边积极入党的同学的看法是什么？（　）

　　A. 入党是光荣的，是一种积极要求进步的表现

　　B. 可以为个人前途提供良好机遇，实现自己的人生价值

　　C. 与自己无关

　　D. 其他

10. 多选：你认为身边的同学能够入党最主要的条件是什么？（   ）

A. 自身的觉悟，道德修养　　　　　B. 学习成绩优异

C. 社团活动出色　　　　　　　　　D. 和老师关系好

E. 和同学关系好　　　　　　　　　F. 和介绍人关系好

G. 其他

11. 你认为身边的党员能否起到先锋模范作用？（   ）

A. 多数能在各方面起到先锋模范作用

B. 基本能在各方面起到先锋模范作用

C. 和普通同学没有区别

D. 还不如普通同学

12. 你认为目前学校选拔党员的标准如何？（   ）

A. 很合理　　　　　　　　　　　　B. 一般

C. 不合理（如果认为不合理，请提出你的建议：_____）

13. 你是否知道班上哪些同学是党员。（   ）

A. 很清楚　　　B. 知道一些　　　C. 完全不知道　　　D. 不感兴趣

14. 多选：你认为当前学生党员思想上存在哪些不足？（   ）

A. 缺乏大局和全局意识

B. 政治立场不坚定，政治素养不高

C. 追逐个人名利，注重个人发展

D. 政治理论学习不够，政策水平较差

E. 没有树立起全心全意为人民服务的理念，缺乏奉献意识

F. 文化素质不够　　　　　　　　　G. 其他

15. 多选：你认为大学生党员应该具备哪些重要的条件。（   ）

A. 有坚定的共产主义信仰和矢志不渝的追求

B. 优秀的学习成绩　　　　　　　　C. 杰出的综合能力

D. 无私的奉献精神　　　　　　　　E. 良好的人际关系

F. 其他

16. 你一般通过什么途径学习、了解党的主流意识形态？（   ）

A. 党校、团课、"形势与政策"课等学校教育

B. 电视报纸广播、网络等媒体

C. 老师、同学交流

D. 其他

17. 你参加过党课培训吗？（   ）

A. 参加过　　B. 没参加过

18. 多选：你认为参加党课培训的目的是什么？（   ）

A. 学习党的基本理论知识，增加对党的认识

B. 端正思想认识，树立正确的入党动机

C. 学习党员的优良品质，增强责任感

D. 了解国家大事和国际形势，增强社会责任感

E. 能够获得党校结业证书，方便入党

19. 你如何看待现行制度下大学生党员发展比例。（   ）

A. 太高　　　B. 较高　　　C. 适中　　　D. 较低　　　E. 太低

20. 你对带有功利性的入党动机的看法是什么？（   ）

A. 很不好，应当杜绝　　　　B. 虽然不好，但是目前还无法改变

C. 非常理解，我也同样　　　D. 社会形势的必然结果，没必要在意

21. 你认为基层党组织应当以何种形式端正学生的入党动机？（   ）

A. 加强党课培训

B. 开展多种理论学习活动

C. 组织谈话

D. 没必要采取特别的形式，按社会现实顺其自然

22. 多选：你觉得党支部应该着重开展哪些活动？（   ）

A. 上党课，学习上级精神　　　B. 读书交流活动

C. 文体活动　　　　　　　　　D. 外出参观调研

E. 志愿活动　　　　　　　　　F. 其他

参考文献

[1] 中国职业技术教育学会课题组. 从职教大国迈向职教强国——中国职业教育2030研究报告[J]. 职业技术教育，2016（6）.

[2] 夏晓青. 建党百年我国高等职业教育发展历程回顾及展望[J]. 教育与职业，2021（16）.

[3] 中国教育科学研究院. 2021中国职业教育质量年度报告[M]. 北京：高等教育出版社，2021.

[4] 叶华. 德技并修、工学结合的教育思想渊源与育人机制[J]. 齐齐哈尔大学学报（哲学社会科学版），2020（3）.

[5] 梁卿. 高职院校创新创业教育与专业教育融合的有效途径[J]. 中国职业技术教育，2019（6）.

[6] 高德毅，宗爱东. 课程思政：有效发挥课堂育人主渠道作用的必然选择[J]. 思想理论教育导刊，2017（1）.

[7] 马歇尔. 米歇尔·福柯：个人自主与教育[M]. 北京：北京师范大学出版社，2008.

[8] 唐建兵. "思政课程"与"课程思政"同向同行的价值意蕴和实践路径[J]. 淮北师范大学学报（哲学社会科学版），2021（6）.

[9] 张国庆. 公共政策分析[M]. 上海：复旦大学出版社，2010.

[10] 德鲁克. 创新与企业家精神[M]. 北京：机械工业出版社，2007.

[11] 周琦. 高职学生创新创业能力培养现状及对策研究[J]. 创新创业理论研究与实践，2020（3）.

[12] 杨凯瑞，何忍星，钟书华. 政府支持创新创业发展政策文本量化研究（2003—2017年）——来自国务院及16部委的数据分析[J]. 科技进步与对策，2019（15）.

[13] 宋珺. 论实践育人理念在高等教育中的实施[J]. 思想教育研究，2012（7）.

[14] 张文显. 弘扬实践育人理念 构建实践育人格局[J]. 中国高等教育，2005（3）.

[15] 黄蓉生. 构建高效实践育人长效机制的思考[J]. 中国高等教育, 2012 (3).

[16] 邹世享, 张秀荣, 王燕晓. 改革·探索·实践: 中国地质大学（北京）思想政治理论课优秀教研成果选编（第一辑）[M]. 北京: 知识产权出版社, 2011.

[17] 胡树祥, 吴满意, 等. 大学生社会实践教育理论与方法[M]. 北京: 人民出版社, 2010.

[18] 赵壮丽. 论国际形势多变背景下的思想政治教育[J]. 学理论, 2013 (24).

[19] 宋希仁, 陈劳志, 赵仁光. 伦理学大辞典[M]. 长春: 吉林人民出版社, 1989.

[20] 甘霖. 高校实践育人研究[D]. 武汉: 武汉大学, 2014.

[21] 张瑞敏. 大数据背景下高校思想政治教育创新研究[D]. 上海: 华东师范大学, 2020.

[22] 贾亮. 让红色基因在传承中焕发时代光芒[N]. 中国纪检监察报, 2018-06-21（2）.

[23] 陈曙光. 中国共产党最有理由自信[N]. 光明日报, 2017-09-04（16）.

[24] 中国社会科学院习近平新时代中国特色社会主义思想研究中心. "红船精神"与中国共产党的初心和使命[N]. 光明日报, 2018-07-17（5）.

[25] 杨启迪. 高校网络育人研究 [D]. 石家庄: 河北师范大学, 2019.

[26] 玉忠, 金丽馥. 新时代高校网络育人理论与实践[M]. 镇江: 江苏大学出版社, 2021.

[27] 王晨. 发展健康向上的网络文化(学习贯彻党的十九届六中全会精神)[N]. 人民日报, 2011-11-03（5）.

[28] 韩进. 全面贯彻落实党的教育方针 凝心聚力育新人[N]. 光明日报, 2019-01-22（5）.

[29] 杨惠琳, 王双艳. 新时代背景下高校网络育人的现状探析与对策研究

[J].湖北开放职业学院学报，2020（16）.

[30] 林玲.浅谈高职院校网络育人工作[J].大学(研究与管理)，2020(43).

[31] 严思静.高职院校网络育人现状及对策研究[J].智谋方略，2020(42).

[32] 李亚青，王静.高校思想政治教育网络育人探究[J].学校党建与思想教育，2020（3）.

[33] 王浩.新时代高校思想政治教育网络育人的现状及优化策略[J].时代论坛，2020（1）.

[34] 陈瑞莲.高职院校学生就业心理指导研究 [D].南昌：江西师范大学，2008.

[35] 樊蓓蓓，张春华.大学生心理健康的标准及评估[J].中国临床康复，2006（12）.

[35] 杜学敏，戴贝钰，刘正奎.积极心理学视野下大学生心理健康标准的研究[J].思想教育研究，2018（3）.

[36] 高永贵，崔惠平.论大学生健康心理的标准与培养[J].山东医科大学学报（社会科学版），1994（4）.

[37] 汤顺清.高职学生心理健康问题研究——以益阳职业技术学院为个案分析[D].长沙：湖南师范大学，2010.

[38] 于丹丹."互联网+"背景下高职学生心理健康教育模式的研究[J].职业教育，2021（6）.

[39] 万虎."互联网+"背景下高职院校心理健康教育模式整体构建研究[J].湖北开放职业学院学报，2021（19）.

[40] 尹梅.高职学生心理特点及学生德育工作探讨[J].产业与科技论坛，2021（9）.

[41] 赵讳阳.大学生社区文化建设研究[D].延吉：延边大学，2011.

[42] 郑永廷.思想政治教育方法论[M].北京：高等教育出版社，1999.

[43] 教育大辞典编纂委员会.教育大辞典[M].上海：上海教育出版社，1990.

[44] 王小锡,王建华. 高校思想政治工作概论[M]. 南京:南京大学出版社,1997.

[45] 熊晓梅. 把握好高校思想政治教育立德树人的四个维度:学习贯彻习近平总书记关于思想政治教育重要论述[J]. 现代教育管理,2020(8).

[46] 刘欣,吕学振. 高校学生资助政策的演变与展望[J]. 高校辅导员学刊,2021(6).

[47] 余秀兰. 60年的探索:建国以来我国大学生资助政策探析[J]. 北京大学教育评论,2010(1).

[48] 桂富强. 我国高校贫困生发展性资助理念及管理体系研究[D]. 成都:西南交通大学,2009.

[49] 徐英. 国家助学贷款制度的演变、缺陷与优化路径[J]. 教育评论,2017(12).

[50] 徐英. 发展型资助:新时代高校学生资助发展的新维度[J]. 教育评论,2018(2).

[51] 孙莉玲. 以"育志、育智"为目标的高校精准资助育人体系构建[J]. 江苏高教,2019(12).

[52] 高英华. 高校党建视域下新时代大学生党员质量问题研究[D]. 北京:中共中央党校,2019.